INVEST
MENT
BRAIN

投資脳

一生お金に困らない頭を手に入れる方法

上岡正明
Masaaki Kamioka

すばる舎

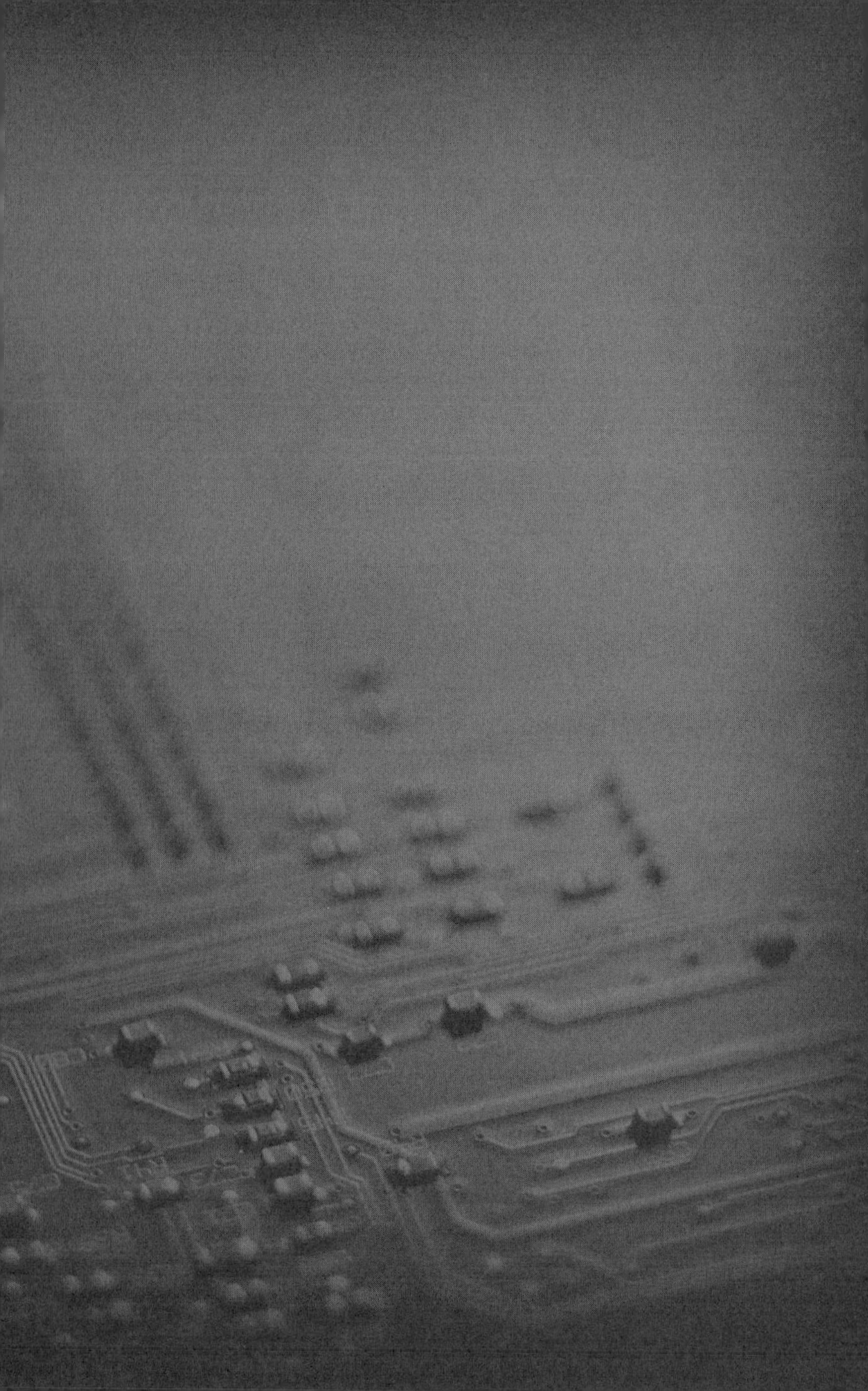

本書は、あなたが今、お金や家や人脈をすべて失っても、
もう一度成功することがあたりまえになる思考回路
「投資脳」を手にできる本である。

消費脳と**投資脳**

消費脳

- 消費脳の持ち主は、日々の消費のためだけにお金を稼ぐ
- 消費脳の持ち主は、お金の流れを考えずに毎月口座残高とにらめっこする
- 消費脳の持ち主は、他人のビジネスに雇用される選択肢しか持たない
- 消費脳の持ち主は、収入経路が1つしかない
- 消費脳の持ち主は、節税とは無縁の生活をする
- 消費脳の持ち主は、自分の経験がお金をつくることを知らない
- 消費脳の持ち主は、義務感で嫌々働く
- 消費脳の持ち主は、学んだことを行動に活かせない
- 消費脳の持ち主は、好奇心を持てない

投資脳

▼投資脳の持ち主は、消費のためには働かない
▼投資脳の持ち主は、お金の「流れ」を大切にする
▼投資脳の持ち主は、自分のビジネスを持つ
▼投資脳の持ち主は、収入の経路を複数持つ
▼投資脳の持ち主は、会社をつくって節税する
▼投資脳の持ち主は、経験がお金をつくり出すと理解している
▼投資脳の持ち主は、新しい知見を学ぶために働く
▼投資脳の持ち主は、学んだらすぐに行動する
▼投資脳の持ち主は、すべての原点はお金でなく好奇心だと知っている

「1000万円をあげるので、それを1億円にしてください」

こう言われたら、あなたはどうしますか？


さっそく株をはじめますか？

事業を起こしますか？

それとも、その資金を自分に投資して「稼ぐ力」を高めますか？


「どこに投資をするか」

この質問に対して迷わずその投資先を答えられる人は、投資脳の持ち主です。

ちなみに、私ならまず自己投資して、1億円稼ぐ人になるために「頭脳資産」

と「経験資産」を蓄えます。10万円分の本も買うでしょう。また、勉強しやすい環境づくりにも投資します（詳しい方法やアイテムは、本書をぜひお読みください）。最新のスマホ、ネット環境、耳学のためのアイテムなど、学ぶための環境はとても大切だからです。

私が無一文から**30代で3社のグループ企業のオーナー**になったり、**書籍を20冊以上出版**できたり（海外翻訳含む）、**投資系ユーチューバーとして22万人超のフォロワー**に支持されるまでになったり、投資家として**独学で5億円以上の金融資産を増やせた**のも、すべて若いうちから投資家の思考、本書で言う「投資脳」を手に入れて、自己投資を続けてきたからです。

人のパフォーマンスを最大限に発揮する脳の使い方は何なのか。

その再現性を研究するため、さらに私は30歳を超えてから、大学院でＭＢＡ（情報学博士前期）を取得。**神経脳科学領域を専門として、学会に所属しながら、**

人の行動パターンを科学的に分析する行動分析学や、神経脳科学、脳とAIの関係を研究し続けています。

ただ、目的なく投資をしてはいけません。

投資には効果を最大化する秘訣があります。それこそが本書で紹介する、あなたの投資リターンを最大化する「投資脳」です。

投資脳を持つ。この最終的なゴールを端的に説明すれば「あなたに投資をしたい」、周囲からそう思われる人を目指すことです。

自己投資をお金に変えるためには、自分の価値を高めて、投資家の思考を身につけなければなりません。そのために、本書では「**頭脳資産**」「**経験資産**」「**金融資産**」**の3つを、投資脳の要素として紹介していきます。**

本書を読めば、誰でも投資脳をインストールすることができます。資産を賢く運用していくプロセスも手に入ります。

■投資脳VS消費脳

投資脳の持ち主と真逆なのが消費される人、つまり「**消費脳**」の持ち主です。

給与の何割かを自己投資や必要な本の購入などにまわす習慣がない。お金が入ったら入っただけ使ってしまう。あるいは毎日テレビをダラダラと見たり、飲み会に誘われては、二日酔いでつぶれて土日をムダに過ごしてしまう。

つい、時間やお金を浪費してしまう人は「消費脳」の持ち主です。

このような消費脳の持ち主は、社会に消費される人になってしまいます。

厳しい言い方をすれば、大量消費時代のモノと同じです。消費されて、必要がなくなればリストラというかたちで捨てられてしまうかもしれません。今や大企業でさえ、リストラをする時代です。

大量消費の時代には、モノがあふれ、大量廃棄が社会問題になりました。
次に、情報が大量消費される時代になると、人々が消化できる情報の量はキャパオーバーしていきました。それにより廃業する雑誌社や出版社が大量発生しました。情報消費は絶えずタイムパフォーマンスが意識されて、テレビや新聞などの旧来のオールドメディアも捨てられようとしています。

そして、今度は「人」が大量消費される時代です。

実際、ＡＩの目覚ましい発達により、文章作成やネットデータのリサーチなどはすべて人工知能で完結されるようになりました。プログラミングやグラフィック、バグのチェックなど、人がおこなうことがあたりまえと言われていた分野も、近い将来ＡＩによって対応が可能です。これによりGoogleやTwitterなどの米国ハイテク企業では、リストラの嵐が吹き荒れはじめています。
人よりＡＩに投資したほうが、効率的で、少ない予算で済むからです。

時代に取り残されるな!
モノの消費時代
情報の消費時代
人の消費時代
今ここ!
人間＜AI
食いつぶされる人になるな!

「食いつぶされる人になるな！」

これは、本書で伝えたい大きなテーマの1つです。

では、どうすればいいのか。

もっとも有効な方法が「消費される人」から「投資される人」になることです。消費脳から投資脳に変える。この視点を手に入れるのです。

心配はいりません。この本を読み進めれば、投資脳に生まれ変わるためのすべてが手に入ります。

実際、私は投資脳を自分にインストールして、未来へ賢く投資を続けることで、人生のステージを飛躍的に上げることができました。

無一文で小さな川崎市の1Kのアパートからスタートして、多くのチャレンジを通じて、株式投資や不動産投資、それに3社の会社経営で成功できました。大勢の仲間をつくることもできました。

「上岡さんだから、できたのでしょう?」

そう思われるかもしれません。

しかし、それは違います。

投資脳を手に入れれば、誰でも未来を変えることができます。

その方法を、これから余すことなく紹介していきます。

投資脳を手に入れれば、あなたも高い再現性を持って同じことができます。本書では、そのための誰でも使えるノウハウやルールもご提供します。

■考え方1つで、お金の流れは激変する

このように、本書は投資脳を手に入れて、すべての人が平等に自分自身に革命を起こし、やりたいことをすべて叶える「未来」と、お金に一生困らない「未

来」の同時取得を目指すものです。

短期間で、億を稼ぐ人が出るかもしれない。

場所を選ばない、自由な働き方を手にできるかもしれない。

あなたに投資をしたい、そうした人が本当に現れるかもしれない。

自分を最高の状態に導くための思考法、それが「投資脳」です。

あなたが劇的に変化すれば、周囲もそれにつられて変わっていきます。それが、あなたが変化を起こす第二の素晴らしさです。

あなたが中心となって意識を変えて、行動を変えて、成長していけば、すべてがプラスに動いていきます。

あなたのアウトプットや成長が周囲の未来さえもよりよく変えていく。そう考える思考を、私は「**無限大の成長マインドセット**」と呼んでいます。

他方、未来は変わらない。どうせ努力しても意味がない。そう考える思考を、**「底なしの負け組マインドセット」**と呼びます。

今、日本人はこの「底なしの負け組マインドセット」に満たされて、身動きがとれなくなっています。

そればかりか他人の成功を妬《ねた》んで、足を引っ張ることが多くなっています。ネットを見れば誹謗中傷のコメントがあふれ、互いに攻撃しあいながら、どんどん急降下している状態です。

今、あなたを劇的に変えるには、巷《ちまた》にあふれる「自己啓発」だけではもう足りません。そこには、**他人を惹きつけ、あなたに強く投資したいと思わせる「投資脳」が必要**なのです。

■人生が大きく変わる人、人生がまったく変わらない人

　向上心を持ってこの本を読めば「もっと成長したい」「もっと稼ぎたい」「もっと経済的自由を手に入れたい」と思えてくるはずです。

　お金の不自由さから解放されて、自分の力で行動して、未来を変える力を手にできるはずです。

　今のままで大丈夫とは言いません。今のままでは圧倒的に足りない何かがあります。そのピースが投資脳なのです。

　1つだけ先に述べておくと、本書は他力本願の人、今の状態を変えたくない人、他人の成功を妬む人には向いていません。

　投資脳とは「**人生のオーナーシップをみずから掴み、未来に投資して、時間やお金や夢といった大きなリターンを手にしていく、そのための地図とそのノウハ**

ウ」とも言えます。

他人に依存したり、すぐに妬んだり、攻撃したりする人というのは、自分の人生のシナリオをつくり直すことが難しいものです。

もちろん、投資脳を手に入れれば、そうしたマインドも一瞬で変化します。ただし、普通の人の何倍もの覚悟が必要かもしれません。

もし、あなたがここまでの話で何かを感じるのであれば、本気で本書を読み進めることをおすすめします。

もちろん、いきなりこのような話をされて、困惑している人もいるかもしれません。このまま本書を閉じてしまいたくなる気持ちもよく理解できます。

実際、私自身も20代前半まで、自分の限界に苦悩して、他人を妬んでばかりいる人間でした。

そうした**どん底から、ベストセラー作家や人気ユーチューバーとなれたのは、**

すべてこの「投資脳」を手に入れたからだと断言できます。

手足をバタバタと動かして、もがいていた時期もありました。

もし、あのとき「今のままで大丈夫。努力なんて必要ない」という甘い言葉ばかりに耳を傾けていたら、今の成功はなかったでしょう。

本書では、耳の痛い話もたくさん出てきます。

私自身が人生の岐路《きろ》で迷い、あるいはお金に困っていたときに、人生を変えるきっかけになった言葉ばかりです。

あのころ自分の人生に一番役に立った。そう断言できる言葉だけを厳選しています。厳しいけれど、現実に目を向けさせてくれる、自分を奮い立たせてくれるものばかりです。

行動への恐れや、目の前の何に投資するかを迷っているあなたを劇的に変えるのは、優しい甘言《かんげん》よりも、火をともす言葉だけです。

■ あなたに投資したい！ そう思われる人になれ

私が本書であなたに提案するのは「投資脳により、誰もが持つ3つの資産価値を劇的に変える方法」です。それは、

「**頭脳資産**」
「**経験資産**」
「**金融資産**」

の3つです。

誰もがこの3つの資産を持っています。

その使い方次第で、あなたの人生は、今よりもっと、ずっと、豊かになります。

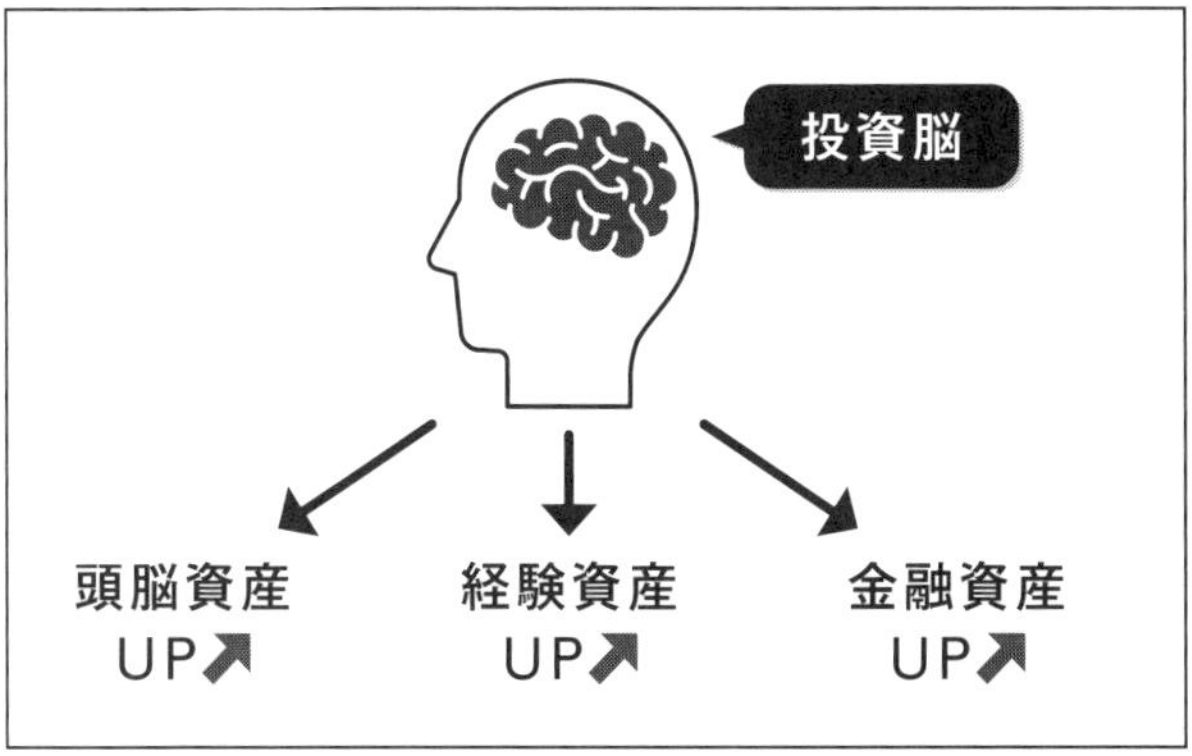

・投資脳であなたの資産価値が高まれば、あなたの収入が上がります。
・投資脳であなたの資産価値が高まれば、職場の待遇やキャリアが向上します。
・投資脳であなたの資産価値が高まれば、よりよい出会いや豊かな時間が手に入ります。
・投資脳であなたの資産価値が高まることに比例して、未来のチャンスも広がります。

投資脳は、成功する人生の戦略と地図とコンパスをすべて手にできるほどのパワーを持っています。もちろん、株式投資で億を稼ぎたい、ＦＩＲＥして経済的自由を手に入れたい、といった本物の資産家を目指す人にも向いています。

一般的な学校では、投資家の思考法は誰も教えてくれません。安定した職場にいる学校の先生に投資脳を教えることは不可能です。大企業でも同じです。

高額なマネースクールでも、本書の内容をきちんと教えてくれるところは、まずないでしょう。

「自分の資産価値を劇的に高めて、卓越《たくえつ》したオーナーマインドを持つ」
「その結果、あなたに投資したい。そう思われる人になる」

私は、投資脳は「お金」と「人生の幸せ」の両方を手にするための最大の武器になると考えています。

投資脳を一度手にすれば、ただ時間だけを切り売りして投資の意味さえ見失っていた過去の自分に、もう二度と戻りたくないと思うはずです。そう、20代前半の私のように――。

投資脳を持つために、たった1つ「これだけをやればいい」というものはありません。ただし、本書を1冊読み切ったころには自然と投資脳がインストールされているという構成で本書を書きました。

ですので、時間の許す限り、1日で一気に読み切っていただきたいと思っています。そうすれば、本書の効果は最大化するでしょう。

消費脳から投資脳へ、生まれ変わるのは今です。

2時間半後には、あなたは「お金持ちの脳みそ」を手にしているはずです。

さあ、第二の人生のスタートです。

投資脳

一生お金に困らない頭を手に入れる方法

Contents

第1章

お金も時間も自由自在になる「投資脳」

Contents

第2章

消費脳から投資脳へ、頭をつくりかえろ

第3章

投資脳をインストールするために知っておきたいこと

Contents

第4章

「学び」と「お金」は切っても切れない

第5章

勝ち続ける投資家は、いつも何を考えているのか

Contents

第6章

倍速で「頭脳資産」「経験資産」「金融資産」を増やす10のポイント

Contents

第7章

一生お金に困らない人になる「投資脳」を磨く習慣

※本書における情報は、あくまで情報提供を目的としたものであり、いかなる投資の推奨・勧誘をおこなうものではありません。本書の内容は２０２３年5月1日時点での情報を記載したものであり、法律・制度・商品内容などは予告なく変更される場合があります。本書の情報を利用した結果として何らかの損失が発生した場合、著者および出版社は理由のいかんに問わず、責任を負いません。投資にかかる最終決定はご自身の判断でお願い致します。

第１章

お金も時間も自由自在になる「投資脳」

投資脳で人生のほとんどは好転する

本書を1冊読み切ったころには、あなたの頭は「投資脳」へと生まれ変わっています。すると、何が起きるのでしょうか？

リスクを賢く見極め、自分の人生を安定成長へと導くために、ヒト・モノ・コトすべてに投資をしているという感覚を持って、人生の選択ができるようになります。

究極的には「お金の不安」と無縁の生活が送れることになります。ですので、最初から真剣におつき合いください。

まずは質問です。

あなたは今、自分の収入アップや、経済的自由を手に入れることについて、どれほど真剣に向き合っていますか？

毎日、そのことについて考えているでしょうか？

1日5分？　それとも年に一度、年始に計画を立てるだけでしょうか？

「毎日お金のことを考えるなんて、いやらしい」

そう思っているなら、今すぐその考えを捨ててください。

自分らしい人生を送ることを毎日考えている人と、年に一度しか考えていない人では、大きな差が生まれて当然です。

お金は、あなたが欲しがらなくても、日々の生活で絶えず私たちに影響を及ぼします。

キャリアでの悩み、職場での人間関係、家族や子どもの進路の悩みも、その多くは「投資脳」があれば解決します。

もし、あなたが上司とのコミュニケーションに悩んでいるのであれば、今の会社にしがみつく必要はありません。投資脳を手に入れて、とっとと転職すればいいわけです。

■投資脳があれば、あなたの資産価値は上がっていく

それでも、生活の不安があって転職なんてできない人が大半です。
それは極論を言ってしまえば、お金の悩みが自由を奪い、未来の可能性をすり減らしているのと同じです。

お金の悩みも、キャリアや職場の悩みも、未来に賢く時間と行動を投資することで解決できます。そのキーワードは、あなた自身の資産価値です。

投資脳を身につけて、未来を明確にイメージして、自分の人生に賢く投資をお

こなうことで、「はじめに」で述べたあなたの3つの資産価値はどんどん高まり、手際よく年収アップにつなげていくことができます。

年収がアップしたら、すべてを使わずに、1割でも自己投資や株式などの金融投資をおこなってください。

こうした考え方や戦略的な人生設計を、私は投資脳の持ち主だけが持つリテラシー、すなわち「投資家リテラシー」と呼んでいます。

投資家リテラシーとは、投資家だけが持つ知識ではありません。自分の価値を高めて、高く売る知識。そのすべてを指すと私は考えています。

日本人の最強の武器こそ「投資脳」である

投資脳と消費脳を、もう少しわかりやすく説明しましょう。

私たちの脳の構造に目を向けると、大まかに分けて2つの種類があります。

最先端の脳科学の研究では、人の脳には「**狩猟型**」「**農耕型**」の2つの違いがあり、私たちの行動にアクセルやブレーキをかけるなど、強く影響を及ぼしているいることがわかってきています。

大昔、おもに欧米人は、オオカミやクマがいる薄暗い森のなかで狩りをして生計を立てていました。いわゆる「狩猟型」であり、単独で森を動きまわることに長《た》けています。シカやイノシシといった野生の動物を相手にしているため、合理的にルートを先まわりしたり、アイデアや創意工夫でワナをつくり出したりと、リスクに対しても積極果敢です。

結果、「狩猟型」の人は脳の前頭前皮質が発達していきます。前頭前皮質はルールを変えたり、表情や手ぶりなどのジャスチャーで相手とコミュニケーションを取ることが得意です。大きい勝負にも挑戦していくタフさがあります。

一方、昔から領主に与えられた田畑を耕してきた「農耕型」の日本人や、ベトナムやタイなど同じアジアの民族は、積み上げ型の脳を持っていると言われています。とくに日本では地震や洪水などの災害・天災が多く、これらに適応して生きながらえてきました。過去の記憶を活用することに長けており、協調性に優れ、我慢強いと言われています。

結果、「農耕型」の脳の持ち主は前帯状皮質が発達していきます。過去の不快な体験を記憶して、周囲に伝え、行動にリミッターをかけやすいのが特徴です。

どんなに国が投資を奨励《しょうれい》しても、地道に、まじめに働いて貯蓄に励み、節約することがよしとされてきた日本人が、急に路線変更することができないのはこのためです。資産運用でも過度にリスクを恐れるなど、守りを第一に優先します。

■「農耕型」と「狩猟型」のいいとこ取りを目指せ

ここで言いたいのは、どちらの「脳」が優れているということではありません。

ただ、**あまりに農耕型のままだと、現状を維持したいというバイアスが働き過ぎたり、リスクを過剰に恐れるあまり、学び直しなどの変化に対応できない**、といった弊害が出てしまいます。

会社や上司の言われることに従っていればいい。そうした「ことなかれ主義」に陥ってしまい、他人に使役されることで安心してしまいます。これでは典型的な消費脳タイプです。

本書で私が推奨するのは、**日本人の我慢強さ、協調性の高さといった世界に誇るべき強みを活かしながら、一方で欧米人のルールづくり、自立した姿勢、リスクに柔軟に対処する思考法を手に入れる**ことです。

そして、これこそが「投資脳」のポイントだと私は考えます。

投資脳を手に入れたならば、変化することが楽しく思えてきます。

知識や経験が増えるたびに、自信を持てるようになります。

やる気物質のドーパミンやオキシトシンを武器に変えて、目標を次々と手に入れることができます。

狩猟型と農耕型の優れた点を掛け合わせた、日本人を最強にする方法、それこそが投資脳だと私は考えます。

本書を読み終えたころには、自然とそれを手にできていることでしょう。

世界は「誰かの投資」で、できている

投資脳を手に入れれば、誰でも仕事やお金に縛られない自由な生き方ができるようになります。

投資家というと人間同士がだましあい、得た資産を独占して人々を働かせる「お金の亡者《もうじゃ》」のような幻想を抱くかもしれません。あるいは頭のいい人だけが得る特権のように考えている人も多いと思います。投資家と聞くだけで「とにかく怖い」「怠惰《たいだ》だ」といったイメージを抱く人もいます。

しかし、そんなことはありません。

それどころか、私たちの身のまわりにあるモノやサービスは、すべてが投資家

の投資によってできています。

たとえば、あなたが今日起きてから通勤して、会社で仕事をして、カフェや自宅で今こうして本を読んでいるまでを振り返ってみてください。

あなたが今着ている服も、誰かの投資によってできています。海外の工場でつくられた場合は、現地の人を採用するなど、アパレルメーカーや商社の投資がなければ、これほど安く手にすることはできなかったでしょう。

あなたが食べた朝食やランチはどうでしょう。こちらも企業の投資によって、安全においしく食べることができています。牛肉やパン、野菜なども、農家の方のたえまない時間と労力の投資によってもたらされます。

それだけではありません。電車に乗って移動したのなら、その鉄道や線路は誰かの投資によって成り立っていることを知るべきです。

ある日突然、地面からひょっこりあらわれたのでしょうか？　違います。私たちの先代、あるいは先々代の血のにじむような投資によって、人々を都市から都市へと運んでくれています。

運転している人、深夜のうちにメンテナンスしてくれている人、私たちの安全を確認してくれている人、心地よく使えるよう清掃してくれている人——。

こうした人々も、すべてあなたの生活環境をよくしようとする誰かの投資によって支えられています。

すべてが、何もないところから、投資によって生まれているわけです。

■投資にアレルギーを持つことは、世の中を知らないということ

このように、私たちが朝起きてから寝るまで、そのすべては投資家によって支えられています。あなたが投資家を毛嫌いしても、ほかの誰かが投資をしてくれなければ、今の生活は成り立ちません。

誰かがお金と時間を投資しなければ、ほとんどのものは、この世には存在しな

かったわけです。

投資家はすでに私たちの生活とは、切っても切れない間柄です。

それどころか、世界はすべて投資のエネルギーでできている、といっても過言ではありません。

投資にアレルギーを持つのではなく、投資家をもっと身近な存在であると知る。できるなら、投資脳を武器にして、不自由なく暮らせる方法を知る。

投資によって成り立つ世界の仕組みを知れば、お金に一生困らない人生を送るための知恵とスキルを手に入れることができます。

本書は、その最初の、けれどとても重要な一歩となるはずです。

まずは投資家リテラシーを磨け

正直、**日本人はもっと「投資家リテラシー」を身につけて、自分の価値を高めることに真剣に取り組むべき**です。


お金に対してネガティブなイメージを植えつけられてきた日本人は、

「お金を稼ぎたい」

「億を超える資産を手にしたい」

「不労所得により、本来自分がやるべき使命のあるものだけと向き合いたい」

といった本音を口にすることに、強い抵抗を持っている人が多いです。

一方で、日本人ほどお金を大事にして、将来のリスクを不安視している人もほかにはいません。

世界一の貯蓄好きであり、言葉は悪いですが、働きアリのようにコツコツとお金を銀行に運んでいます。

このエネルギーはどこから来るのでしょうか。

本当は、日本人は誰よりもお金に対して敏感で、投資家としてのセンスにあふれ、稼ぎたい欲求があると私は信じています。

ただ、私たち日本人はこれまで真剣にお金の勉強をしてこなかった。おそらく、ここにすべての問題があるのだと思います。

税金を取りたい国や、金融商品を売りつけたい金融業界によって、意図的に投資家リテラシーを取り上げられてきた、とも言えるでしょう。

■金融リテラシーと投資家リテラシー

なお、ここで言う「投資家リテラシー」とは私の造語であり、最近、国が小中学校で学ぶことを推奨しはじめた「金融リテラシー」とは違います。

金融リテラシーは、どちらかというと、社会保険や国民年金など国からの税金が引かれて手元に残ったお金をどう上手に資産運用していくかの「計算の知識」です。最近話題のＮＩＳＡやｉＤｅＣｏも、この部類に入ります。

一方で、私が考える**投資家リテラシーは、私たちの手元に残るお金を、自分の価値を高める投資脳に投資して、どう戦略的に増やしていくかといった、より上流の考え方**になります。

そこには、

(1) 自己投資により労働資産の効率を上げる
(2) あなた自身の市場価値を高める
(3) 頭脳資産と経験資産にレバレッジをかけて、金融資産そのものを増やす
(4) 金融資産にもっと働かせる
(5) これら全体にレバレッジをかけて時間とお金を複利効果で倍々にしていく

の5つのステージがあります。

また、投資家リテラシーには「節税」などの知識も含まれます。節税の知識があれば、そもそも私たちの手元に残るお金が増やせます。これらも、資産家が必ず持っている知識です。

まとめると、違いは次の通りになります。

金融リテラシーとは

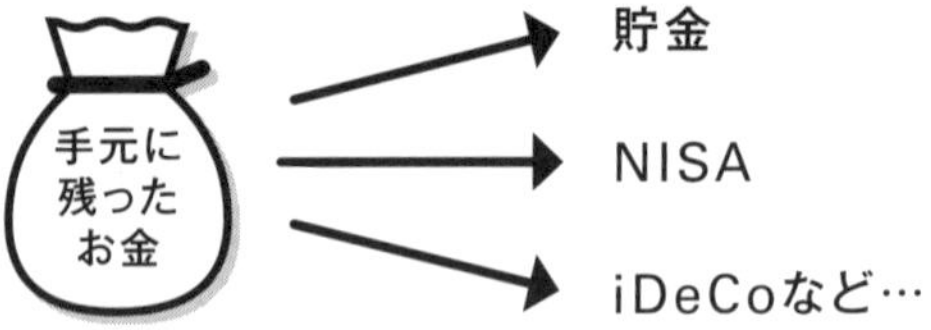

資産をどう運用していくか

投資家リテラシーとは

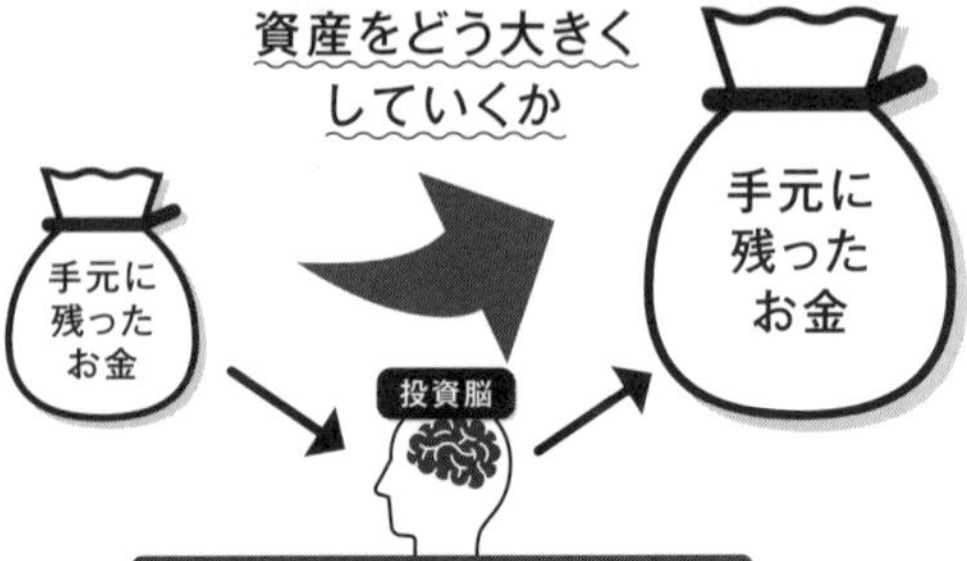

投資家リテラシー5つのステージ

①	自己投資により労働資産の効率を上げる
②	あなた自身の市場価値を高める
③	頭脳資産と経験資産にレバレッジをかけて 金融資産そのものを増やす
④	金融資産にもっと働かせる
⑤	これら全体にレバレッジをかけて、時間とお金を 複利効果で倍々にしていく

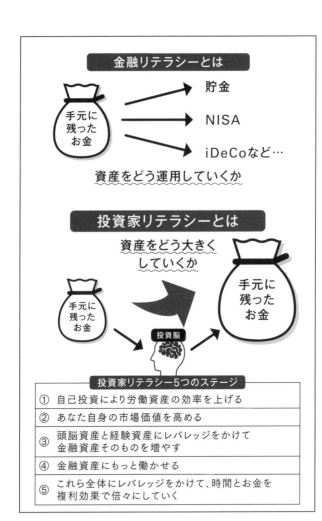

本来、私たちが持つべきは投資家リテラシーでした。

しかし、なぜか国はその部分を推奨しません。


すべての国民が投資家リテラシーを手に入れたらどうなるでしょう。

おそらく国のあり方に疑問を感じて、自分の頭で考え、リスクとリターンをみずから判断して行動したり、大きな富を手に入れてしまうでしょう。

そうなると、国は私たちをコントロールしにくくなります。

税の徴収や消費税アップも、今より難しくなるでしょう。

あえて言葉を選ばなければ、国民とはある程度「愚民《ぐみん》」であるほうが、支配層にとっては洗脳しやすく、コントロールしやすいわけです。


「マトリックス」いう映画をご存じでしょうか。世界的大ヒットになったSF映画、そこに出てくるAIロボットに支配された人類と同じです。

きれいな服とおいしい食事を与えられた人類は、「本当の自分」を失うかわりに、横一列のカプセルに入れられています。生命エネルギーという栄養分だけを吸い取られて、ＡＩロボットによって生かされ続けます。温室ファームのように行き届いた管理下のなかで、です。

一方、「本当の自分」を手に入れた主人公たちは、自分たちが無知であるために、支配されていたことを知ります。

結果、あるべき未来を手に入れるべく支配者と戦い、違う運命を進みはじめます。そのための苦難や壁も、新しいスキルをそのつど手に入れて、乗り越えていきます。

それはある意味、自分との戦いでもありました。他人ではなく、自分との葛藤の先で、未来を変えていったわけです。

私たち日本人にも、今まさにこの感覚が必要なのです。

すべての人が投資家になることで、日本がよくなる

遅かれ早かれ、あなたは目覚めなければなりません。

矛盾《むじゅん》に真剣に向き合うことのなかった日本人は、今、大きな岐路に立たされています。**自分の問題も、国の問題も、お金の問題も、根っこは同じ。すべて投資家リテラシーの問題であることが多いわけです。**

なぜ、投資家リテラシーがそれほど大切なのか。

それは、私たちが経済的、そして精神的な自由を手に入れて、自分らしく人生を送るためには、**お金にコントロールされる側から、お金をコントロールする側へと変わらなければならない**からです。

今、この国は大きな問題を抱えています。
30年にわたる低成長、上がらない賃金、社会保障の崩壊や人口の少子高齢化、若者たちの低い賃金へのあきらめや海外への出稼ぎ、今後ますます深刻化するだろうリストラや貧困問題——。

なのに、多くの日本人がそこから目をそむけて、手元のスマホアプリばかりに目を落として、現実を見ないふりをしています。ネット上には有名人を叩くコメントがあふれています。もはや他人を批判することでしか、今の不安を払しょくすることができないかのようです。

自分の可能性だけに目を向けていれば、他人はどうでもいいはずなのに……。

こうした状況を改善するため、国はこれまで以上に管理の法律を強化しようとするでしょう。これでは問題は解決するどころか、深刻化するだけです。

■今こそ、私たちは変わらなければならない

私たち日本の問題を解決する方法は、たった1つ。

国に依存して頼る存在から、一人ひとりが自立した資産家や投資家になる必要があります。

資産は誰もがすでに持っています。あなたには3つの資産があります。すでに繰り返し述べている「頭脳資産」「経験資産」「金融資産」の3つです。

そうした使命感から、本書を書く決意をしました。

本書では、あなたがこれまで知り得なかったお金持ちになる最短ルートや、経済的自由を手に入れるための真実を公《おおやけ》にしていきます。

地道な節約術や副業で稼ぐような、小手先のテクニックは一切ありません。誰もがお金に困らない人生を手にできるよう、再現性をともなった方法です。

今、私たちは変革期の最中にあります。

私たちが本気で変われば、国も本気で変わらざる得ません。この日本を動かしているのは、私たち一人ひとりの投資家にほかならないわけですから。

この瞬間から、動きはじめましょう。

第２章

消費脳から投資脳へ、頭をつくりかえろ

時間の切り売りは今すぐやめよう

ここまで何度も述べてきた通り、今後のキーワードは「金融リテラシー」よりも「投資家リテラシー」となります。

投資家リテラシーのないビジネスパーソンは、相対的に市場価値がどんどん目減りしていきます。それを回避するためには、**時間やお金を使って、未来に投資できなければなりません。**

時間を切り売りしてお金をもらえる時代は、もう終わりを告げようとしています。銀行にただお金を預けるだけでは、金利も手に入りません。

労働時間ではなく、そこで得たあなたのお金を何に投資したのか。その生み出

す価値で報酬をもらう時代があたりまえになりつつあります。

その具体的な方法については、3章以降で詳しく述べていきます。

その前に、この章では「なぜ投資脳が私たちに必要なのか?」を、もう少し具体的に掘り下げていきたいと思います。

これを読めば、まだ半信半疑だったあなたも、必ず投資脳を手に入れて、行動を起こして、未来を変える決意に迫られるはずです。

■ 思考停止状態になってはいけない

現状に甘んじて、時間とお金を一切投資せず、会社の使い捨ての人生のままでは消費脳の持ち主です。

さらに、そのことに危機感すら持たず、上司や環境のせいにばかりして他人に人生を支配されているだけの人は、思考停止状態だと言わざる得ません。

たしかに、思考停止状態は楽です。自分で考えなくていいわけですから。そのため、みずから脳の成長を止めてしまう人が続出してきました。

ただし、目まぐるしく発展していく今の時代においては、退化のスピードも2倍、3倍、あるいは10倍と速度を上げています。

農耕民族である私たち日本人は、脳科学的には、ただでさえ思考停止に陥りやすいという特徴があります。とくに優秀な人ほど周囲の空気を読み、自分の頭で考えるのをやめて、組織に適合していきます。

毎日、同じルーティンを決められたように繰り返すことは得意ですが、自分で現状を変えることは苦手なのです。

まず、私たちは、そうした日本人の特徴を自覚しなければなりません。

テレビやスマホをダラダラ見ているうちに、あなたの頭は気づかぬうちに完全に支配されています。

過去の日本の栄光は、もう終了しています。

今は、日本人が海外に出稼ぎに行く時代です。言われたままに働いている思考停止状態にある人は、今すぐ投資脳へと目覚めなくてはなりません。

1分1秒ごとのリターンを競え

逆に、投資脳が手に入れば、自立した考え方と、お金と時間の両方が手に入ります。

人に与えられた時間は平等ですが、その使い方や、1分1秒から得られるリターンは平等ではないからです。

限りある時間を、できる限り増やす。

その投資リターンの差が、富や成長の差をつくります。

この理解を持つことがとても大切です。

投資脳を持つ人は、1分1秒ごとのリターンの積み上げ力が違うのです。

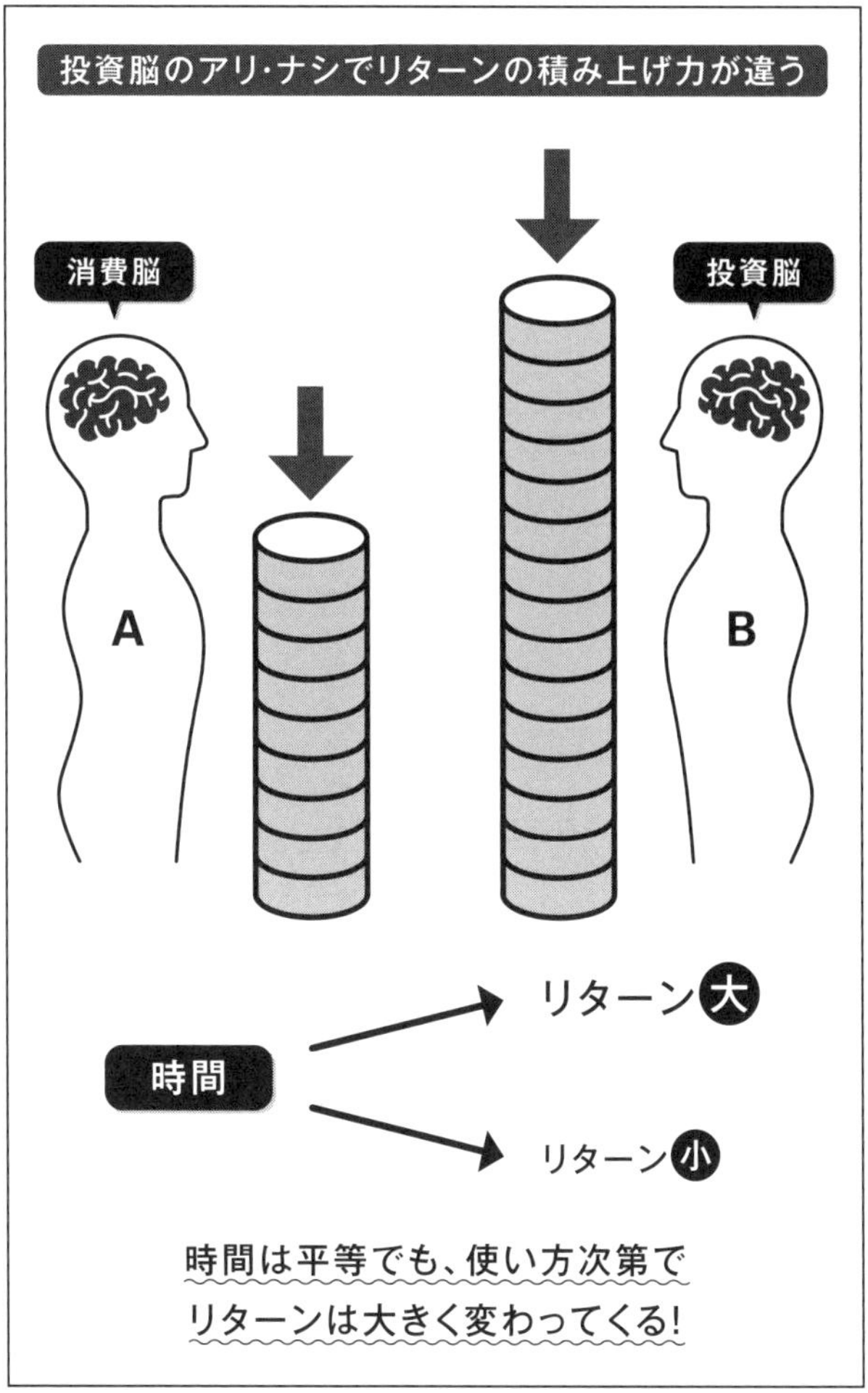
投資脳のアリ・ナシでリターンの積み上げ力が違う
消費脳
投資脳
A
B
リターン大
時間
リターン小
時間は平等でも、使い方次第で
リターンは大きく変わってくる!

たとえば、副業のために動画の編集スキルを手に入れたA君とB君がいるとします。2人は互いに高校時代の友人です。

A君は1年間、仕事後のほとんどの時間を大手のスクールに通い、働きながら動画編集のスキルを手に入れました。

学習費用は約100万円。一般的な動画スクールの相場の金額です。

大きな投資でしたが、講座のあとは教室のパソコンを使って自習でき、かつ講師への質問も自由でした。

同じような考えを持つクリエイターやフリーランスなどの友人ができるとすすめられたのも、決め手となりました。

たまにスクール後には近くの居酒屋で、友人たちと夢を熱く語り合いました。

A君は、今回の学びに対する今後の人生においての投資リターンの効果に、今からワクワクしていました。

■100万円かけてようやく基礎のA君、1か月で成果を出したB君

ある日、A君は渋谷の駅で、ばったりとB君と再会しました。

なんとB君はわずか30日間で、1年間の通学で100万円をかけたA君と、ほぼ同じレベルの動画スキルを手に入れていました。

A君は驚いて、B君にどうやったのかを聞きました。

すると**B君は、A君が365日かけたことを7日でやり、残り23日間は実際に手を動かして、動画をつくり続けたと言います。**

さらに、つくり上げた動画を次々にYouTubeにアップしていました。

さすがに収益化までは実現できなかったと言いますが、駆け出しのユーチューバーとして活動することで、視聴者に飽きられないコンテンツ、実際にアリゴリズムがどう評価するのか、どういうテンポのトークがウケるのか、といった生の

視点を、クリエイターという立ち位置でなく、よりクライアントに求められる動画プロデューサーという立場で理解できたそうです。

それは、YouTube内でレコメンドされるためのSEOの知識だったり、ショート動画の活用法だったり、より目を引くキャッチコピーのつけ方だったり、編集以外のスキルも同じです。

YouTubeを自分ではじめたことで、クライアント側の目線を知ることができた。そのかいあって、動画制作者に求められるのはただのコンテンツ制作のスキルだけでなく、それを使ってどう視聴者を満足させたり、集客したり、そこからファンのエンゲージメントや売り上げを生み出すかだ、ということに気づいたのです。

そこで、今度はYouTubeの作品と、それらユーチューバーとしての活動で得た知識をまとめたポートフォリオ（資料）で、営業を開始してみました。

営業先で語る内容は、自然と、クリエイターとしての目線でなく、プロデューサーとしての考え方や戦略になっていました。

すると、見事数週間で、動画制作の仕事を手に入れたと言います。

こうして**1か月間でスキルを学び、同時にユーチューバーとして活動したB君は、そこで得たクライアント側の課題やニーズを、見事に営業資料に落とし込むことで、実際の仕事まで手に入れてしまった**わけです。

同じ時間を使うなら、投資リターンの大きいほうを選べ

ここでふと、あなたは疑問に思うでしょう。

「B君は、具体的にどのようにして、スキルとリターンを手に入れたのだ」と。

まず、B君は「通学時間がムダだ」と感じていました。

A君と同じように最初はスクールのパンフレットやカリキュラムを見て、比較をしたそうです。さらにネットで情報を調べて、動画クリエイターとして活躍する先輩たちが、どのようにスキルを学んだのか、その成功談や失敗談を調べました。つまり、**最初からあらゆる情報を比較していた**のです。

結果、スクールではあたりまえの先生紹介や施設活用のチュートリアル、部活動や飲み会、動画編集を取り巻く環境や歴史を学ぶカリキュラムといった**〝定番だが、得るもののほとんどない座学のコンテンツ〟を見て、すぐに不要だと考えた**そうです。

「スクールに通う必要はない」

そう考えたB君は、まず「ストアカ」というWEBサイトで、基礎的なスキルと、プランニングなどが得意な2人の講師を見つけました。1回5000円のマンツーマンレッスンを、オンラインやカフェで各10回受けます。

スクールに通えば入学金に教材込みで130万円。それに比べれば微々たる出費です。ゼロから動画編集を学ぶことを事前に講師に伝えて、必要なカリキュラムを組んでもらっていました。

さらに、ストアカでは第一線で活躍するプロ編集者を、ほぼ一人で独占できます。

つまり、自分の弱点を克服するポイントだけを集中して学べるのです。

■欲しい成果に向けて一直線に進もう

スクールなどの座学では、多いときには十数人を相手に講義が開催されます。レベルも、課題も、どうしても標準的なものになりがちです。

一方、マンツーマンなら先生に隣に座ってもらい、同じパソコン画面を見ながら、直接レクチャーを受けられます。

不明点はその場で次々と質問でき、つまずくポイントだけを繰り返し教えてもらえます。集中力が途切れることもありません。

同じ60分の講座でも、投資リターンは10倍か、それ以上です。

それ以外の時間は、講師にすすめてもらった本を購入して、YouTubeで弱点をキーワード検索して、動画コンテンツにて独学で学んだそうです。

「YouTubeなんかで学べるはずがない」

そう考える読者もいるかもしれません。

しかし、そんなことはありません。

基本的なことをマスターしてしまえば、技術的なことや応用スキルなどは、むしろYouTubeのほうが効率的に学べることがほとんどです。

B君の考え方はまさに、投資脳の持ち主の典型例と言えるでしょう。

スキルのキャッチアップは、すべて無料が当たり前

あなたもYouTubeで、たとえば「動画　カット」「動画　スローモーション」「動画　色　変更」などと検索してみてください。

すると、プロの動画編集者が教えるコンテンツが、いくらでも出てくることに驚かされます。

同じく「つみたてNISA　方法」「東大生　ノート　まとめ方」「英単語　暗記」など、とにかく知りたいスキルを試しに検索してください。**あなたが得たいスキルのほとんどは、第一線のプロが無料で教えてくれています。**

撮影道具も同じです。「編集ソフト　おすすめ」「初心者　撮影」などと検索す

れば、プロのカメラマンやディレクターが、親切丁寧におすすめのカメラや機材を紹介してくれています。

このように、ある程度基礎的な知識とスキルを伸ばしたあと、どうしてもわからないポイントはノートに書き出しておきます。

そして、最後の総仕上げとして、YouTubeなどの無料動画コンテンツを活用して特化型で学んでいきます。

あるいは、そこからもう一度、個別レッスンをマンツーマンで受けるのもいいでしょう。

みっちり1時間、徹底的に弱点だけを絞り込んだQ&Aを、ひたすら講師を相手に壁打ちすれば、スクールで学ぶ30時間に匹敵する最高の投資リターンが得られるはずです。

不安がある方は、クリエイターとして働きながら毎月やるのもいいでしょう。それでもかかる費用はわずか数万円増えるだけです。財布へのダメージもたかが知れています。

■動画編集スクールに通わずとも登録者22万人ユーチューバーになれる

いかがでしたでしょうか。

ここまでの話はすべて実体験。じつは、B君はこの私です。

そんなの簡単にできるはずがない。そう思ってお読みいただいた方もいるかと思います。

しかし私は一切動画スクールに通わずに、登録者22万人のユーチューバーとなれました。今では1つの動画もわずかな時間で編集できるようになっています。

はじめた当初は、動画をアップする方法もわからない、ずぶの素人でした。

私が「YouTubeをはじめよう」と決意したとき、世界は新型コロナウィルスの混乱の真っただ中にありました。そうしたなか、不安になる社員たちをなんとか励まそうと、新しくはじめたのがYouTubeチャンネルでした。

といっても、社員に動画編集の手伝いをさせるわけにもいきません。会社に弊害があってもいけません。

最初から、誰にも迷惑をかけずに自分一人でやると決意していました。スクールに通うほどの時間的な余裕もありません。

そのため、ゴールや課題から逆算して、最速の達成ルートを必死になってネットで検索しました。

結果、必要な編集スキルをわずか7日、たった1週間で手に入れることができたわけです。

成長スピードにフォーカスせよ

先ほどの話には、余談があります。

ある日、実姉から連絡がありました。つい最近会ったばかりなのに、めずらしいな。そう思いながら電話に出ると「息子が進路に悩んでいる」との相談でした。

私の甥にあたる28歳の青年です。

後日オフィスに呼んで話を聞くと、働いていた飲食店が新型コロナウィルスの影響で休業になり、将来の不安から、以前からの夢であった動画クリエイターの道に進みたい、ということでした。

彼の手には都内にある大手の動画スクールのカタログがあります。入学費用は

120万円。通学費の頭金だけを母親に出してもらい、あとは奨学金のローンを組んで、社会人として働きながらスクールに通うと言います。

もちろん、彼が未成年の学生なら、その方法を私は止めなかったでしょう。それぞれの家庭の事情もありますが、学生が親に甘えるのは悪いことではありませんから。

ただし、彼はすでに社会人です。年齢も28歳と、転職のためのスキルを学ぶにはそれほど時間的余裕もありません。

そんな彼がカタログに掲載されているカリキュラムをすべて学んでも、投資リターンが高まるとは思えませんでした。必要なのは、もっと実践的なスキルや、プロデューサーとしての経験です。

そこで、私が動画編集のスキルを学んだ方法をすべて説明して、彼にすすめました。最初は懐疑的《かいぎてき》だった彼も、予算10万円で、わずか数週間で必要なスキルをマスターできると聞いて、目を輝かせはじめました。

スクールに通わないことを選択して浮いた約100万円のお金で、私はクリエイターとして活動するための高性能パソコンを買うように言いました。

どんどん作品をつくり、YouTubeにアップして、アーカイブするようアドバイスしました。

壁にぶち当たったら、不明点やわからないところをピンポイントで調べ、逆引き辞書のようにYouTubeを活用したり、書店へ行き書籍で学ぶように伝え、別れました。

■ 課題を探すな、答えを見つけろ

「書店は答えを探す場所。課題を見つけに行くな!」

これは、私が会社の若手社員によく伝える言葉です。

最近「課題発見力」がブームになりました。しかし、私に言わせれば「課題探し」ばかりしているうちは半人前です。いつまでたっても成功できません。成功を目指す人にとって、課題とは無尽蔵に増えていくものだからです。

では、どうするか?

常に今の自分にとってベターな答えを複数見つけ出す思考法を持つことです。

その1つが、書店の活用法でも表れます。

正直、ただ書店をグルグルとめぐっても、成長するためのきっかけが偶然手に入ることは稀《まれ》です。

普段から行動して壁にぶち当たり、その越えられない〝課題〟という名の壁をどうしても乗り越えたいと、悶々《もんもん》としながら書店に行くから、人生を激変させるような「答え」に出会うのです。

先ほどの甥の場合も、動画をつくりながら弱点から逆算して、必要な書籍を購入。1つひとつ克服していきました。

もちろん、最初は拙《つたな》い制作動画ばかりです。それでも1か月もすると、プロの編集者並みの動画がつくれるようになっていきました。


もし都内にある大手スクールに通っていたら、どうでしょうか？

パンフレットによると、最初の2か月目までは「テキストによる座学を中心に、基本的な操作方法や事例を学ぶ」となっています。3か月目から、ようやくパソコンに触れるというカリキュラムです。

講師やパソコンの台数にも限りがあるでしょう。仕方ないのかもしれませんが、**その成長のスピードをあたりまえだと思わないほうがいいでしょう。少なくとも、アウトプットの差は歴然です。**


それから10か月後、甥は動画クリエイターとして転職、前職より少し高い給与を得ながら成長の機会をもらい、多くのクライアントから信頼を得ていました。

その後しばらくして再会したとき、お金を貯めて、将来友人と会社をつくって起業する夢を熱く語ってくれました。新型コロナウィルスで路頭に迷って、実姉の隣で不安そうに縮こまっていたころとは雲泥《うんでい》の差の、晴れやかな笑顔です。

もし彼がスクールに通っていたら、ちょうど今ごろ、卒業のためのポートフォリオ制作に入っているところです。

その後ようやく転職活動をするのであれば、成果だけを求められる社会人の学び直しとしては、あまりに時間がかかりすぎています。

効率的かどうかだけではありません。時間の効果性も、そこから得られた金銭的なリターンも、まるで違います。

なにより、そこにあった一番大切なもの。

それは、自立した投資家としての顔でした。

本当の最適解は、今はまだわからない

このように、私たちの人生は答えのないことばかりです。学校のテストのように、あらかじめ答案用紙があるわけではありません。

どれだけネットで検索しても、あなたの人生の答えは用意されていません。

明確な答えがないから迷います。

どのルートがいいのかと、足を止めてしまいます。

どういう生き方がいいのかと頭を抱えて悩みます。

選択肢が多すぎて、決めるのが困難に感じるときもあります。

そうしたとき、こう考えるようにしましょう。

「自分は本当に『答え』を探しているのか。もしかしたら『課題』ばかりを探していないか」

正しい答えなど最初からありません。学校のように、教師に間違っていると怒られることもありません。

■「ベター」を積み重ねていこう

あなたの答えは、探すのではなく、みずから道の上につくっていくものです。

当然、答えが1つである必要もありません。

自分が選んだたくさんのベターな答えのなかから「1つの正解らしきもの」を

見つけていけばいいのです。

振り返ったとき、それがあなたのベストアンサーになります。

もっともよくないのは、最初から完璧な正解だけを求め、慎重になりすぎて動き出せなくなることです。

すべては、将来振り返ったときにわかることです。

これが投資脳を持つ人の、真のトライ&エラーだと私は思います。

ベストだけを求めない。ベターでＯＫです。行動しましょう。

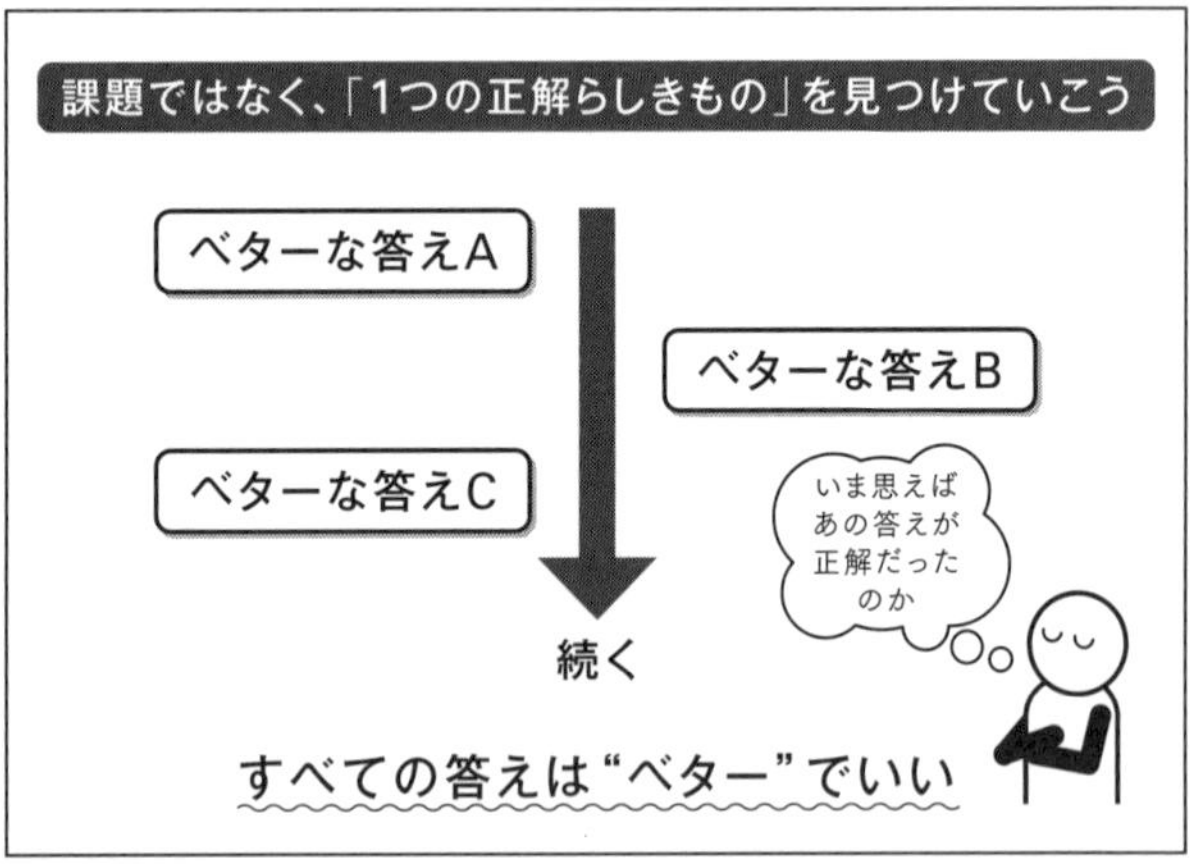

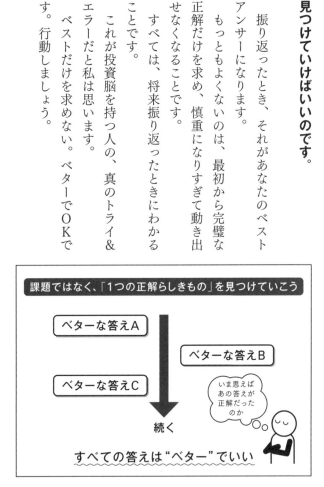

いま思えば あの答えが 正解だった のか
すべての答えは"ベター"でいい

望む結果＝効果性×効率性×投資リターン

ここで、大事な点をお話しします。

先ほどのA君とB君、目標が同じなのに、かけた時間やコスト、さらにそこから得られるリターンがまったく違いました。

これを「効率性」と「効果性」の違いと言います。

えてして私たちは完璧な結果を最初から探したり、確実なルートばかり追い求めがちです。しかし、みずからが人生のオーナーとなり、人から投資される人になろうと思えば、必要なのは投資家としての考え方です。

投資家ならば、次の公式に当てはめてものごとを考えなければなりません。

望む結果＝効果性×効率性×投資リターン

同じ時間の投資でも、選んだ選択肢によって結果はまるで違います。

1か月働いて30万円稼ぐのと、1日働いて30万円稼ぐのとでは、手に入る時間が違います。

投資脳の持ち主は、お金が稼げるかどうかだけでなく、同時にどのぐらいの時間でそれを手に入れたのかを計算します。

このような投資脳を手に入れれば、お金と時間の両方が手に入ります。

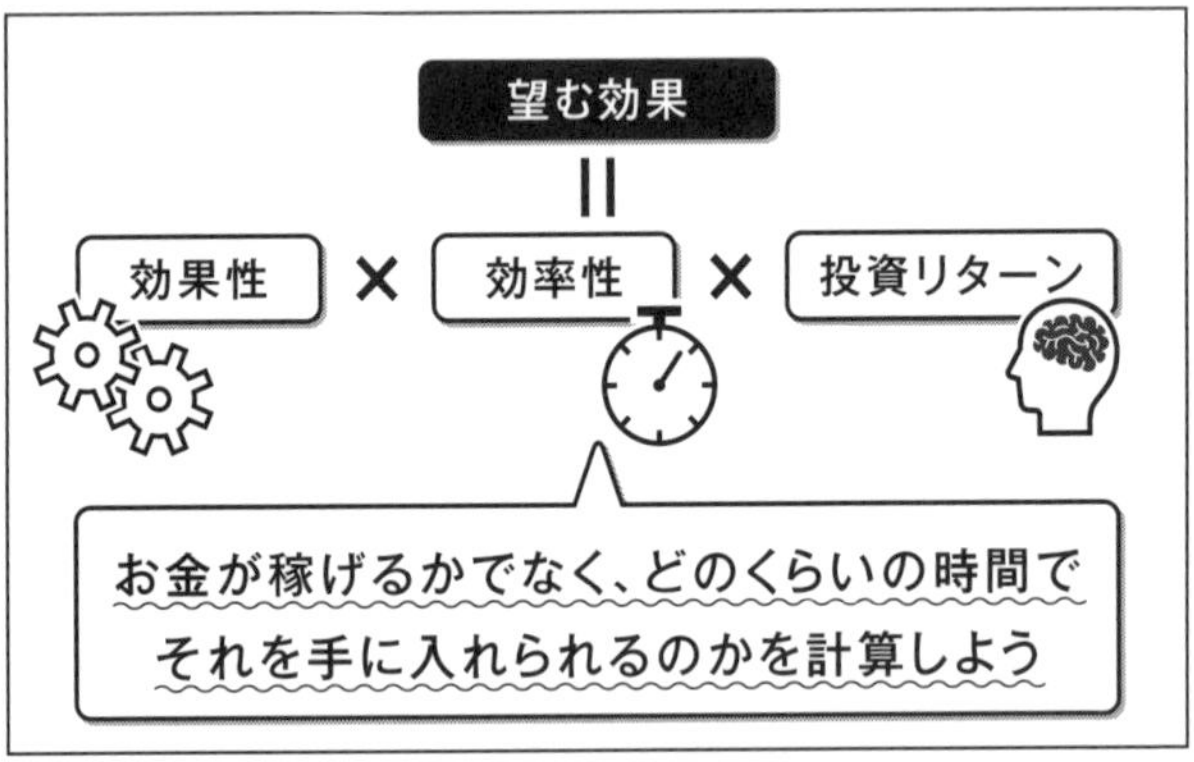

望む効果
＝
効果性
×
効率性
×
投資リターン
お金が稼げるかでなく、どのくらいの時間でそれを手に入れられるのかを計算しよう

さまざまな自己啓発書を読んだり、投資に関するセミナーに通っても、**なかなかお金と時間の両方を手にできないのは、本質的にあなたが「効率性」×「効果性」×「投資リターン」の掛け算の大切さに気づけていないから**です。

ロバート・キヨサキ氏の著書『金持ち父さん貧乏父さん』（筑摩書房刊）。そこに出てくるキャッシュフロー・クワドラントをいくら学んでも、あなた自身がまず投資脳の持ち主にならなければ、結局、普段の生活に戻ってしまうだけです。

消費脳の人は労働資産で収入を得ますが、それがマイホームローンなどの負債の返金で消えていきます。

一方、**投資脳の持ち主は、資産が収入を創り出してくれることをよく知っています。**

労働資産と金融資産のセットで、どんどん負債を減らし、資産を増やしていくわけです。

■ 投資脳と消費脳、9つの違い

私は20歳で収入の半分を使い自己投資をはじめました。そして、22歳で株式投資をスタートし、30歳で不動産投資をスタートさせました。これらは、消費脳から投資脳に、自分の時間、経験、スキル、そしてお金を振り向けるためです。

当時から消費脳と投資脳の仕組みを、すべて理解していたわけではありません。

今、現在位置から振り返り、あなたにお伝えしたい消費脳と投資脳の違いは、次の9つの教えに集約できると思います。

- **第1の教え　投資脳の持ち主は、消費のためには働かない**
- **第2の教え　投資脳の持ち主は、お金の「流れ」を大切にする**
- **第3の教え　投資脳の持ち主は、自分のビジネスを持つ**
- **第4の教え　投資脳の持ち主は、収入の経路を複数持つ**

・第5の教え　投資脳の持ち主は、会社をつくって節税する
・第6の教え　投資脳の持ち主は、経験がお金をつくり出すと理解している
・第7の教え　投資脳の持ち主は、新しい知見を学ぶために働く
・第8の教え　投資脳の持ち主は、学んだらすぐに行動する
・第9の教え　投資脳の持ち主は、すべての原点はお金でなく好奇心だと知っている

20代のとき消費脳だった私は、投資脳を手に入れて、この教えの通りに進み続けました。**年齢は関係ありません。ぜひ好奇心を持ち、行動をはじめてもらいたいと思います。**

そのために、まずは、すっぽりと投資脳が入る新しい器を手に入れてください。そうすれば、お金持ちや資産家になるための知識やスキルが、効率性と効果性をもって簡単に手に入ります。それが、本書の役割としているところです。

第３章

投資脳をインストールするために知っておきたいこと

投資脳の成長を決める4つのコア

ある総研の統計によれば、ひと昔前と今とを比べると、**「富裕層になるハードル」は、じつは今のほうが圧倒的に下がっている**ということです。意外なデータですよね。

ちなみに、富裕層の定義は5000万円以上の預貯金や株などの金融資産を持っていることが条件です。

左の図から見ると、資産5000万円～1億円の層だけでも325万世帯以上もいます。かなり多いですよね。そう考えると、このステージであれば、誰が到達してもおかしくないということです。

マーケットの分類（世帯の純金融資産保有額）

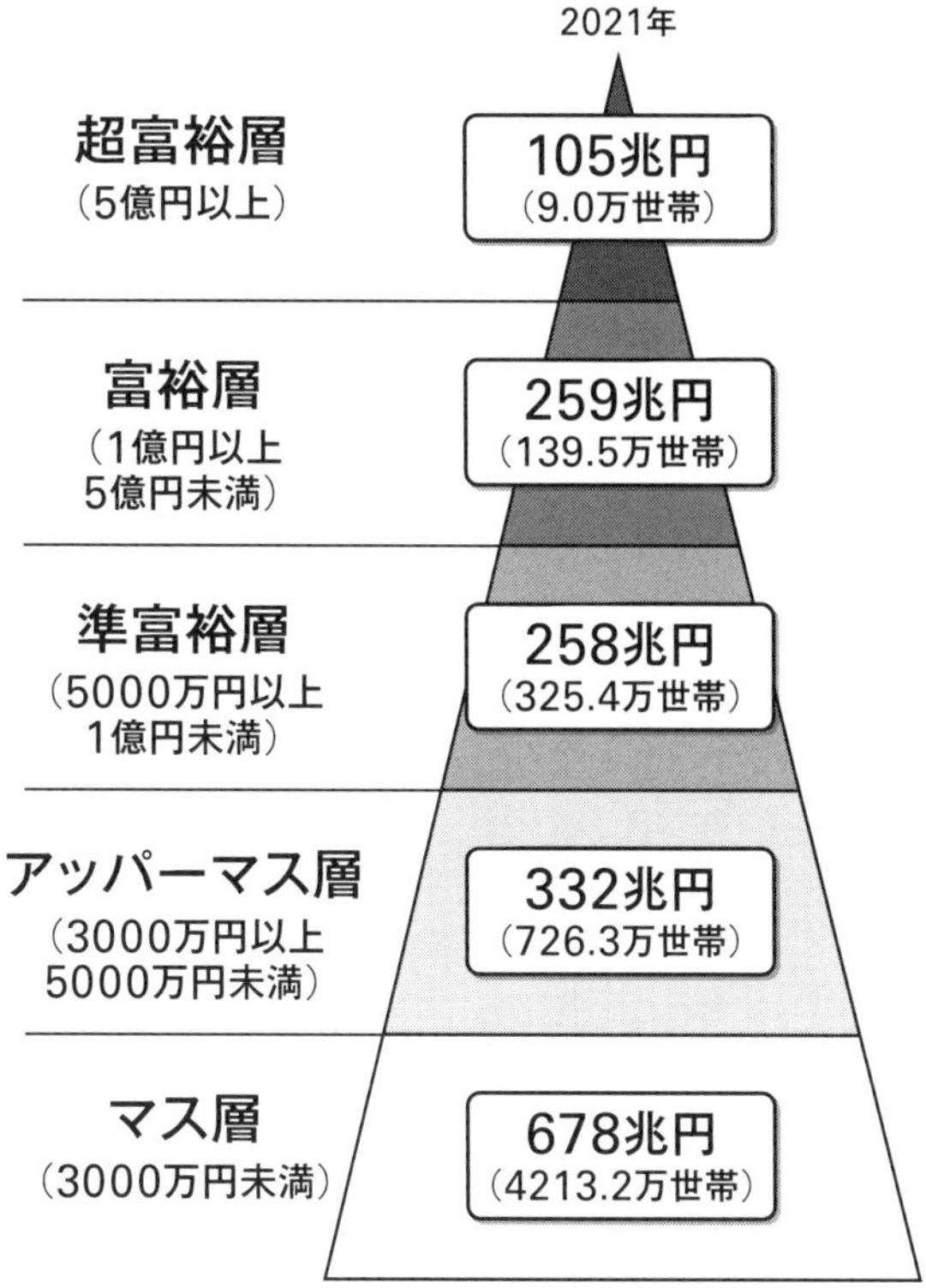

出所：国税庁「国税庁統計年報書」、総務省「全国家計構造調査」、厚生労働省「人口動態調査」、国立社会保障・人口問題研究所「日本の世帯数の将来推計」。東証「TOPIX」および「NRI生活者1万人アンケート調査」、「NRI富裕層アンケート調査」などからNRI推計

出典：株式会社野村総合研究所ニュースリリース
「野村総合研究所、日本の富裕層は149万世帯、その純金融資産総額は364兆円と推計」より図版化（https://www.nri.com/jp/news/newsrelease/lst/2023/cc/0301_1）

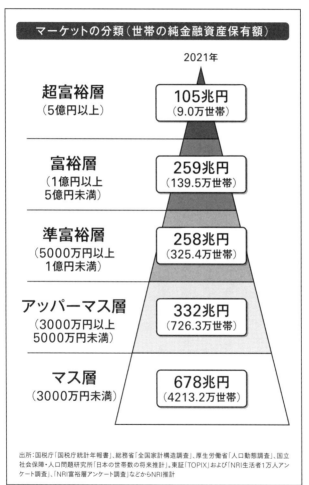

荒唐無稽《こうとうむけい》な話に聞こえるかもしれません。

しかし、私もこの意見に賛成です。現に、大学もろくに行かず、失意のなかでボロアパートにてその日暮らしをしてきた私が、投資脳を手に入れて富裕層になれたわけですから、あなたにできないわけがありません。

結局のところ、富裕層になりたければ、

① いかに新しい「行動」を積んで自分の未来を広げられるか

② いかに新しい「行動」をしないことによる機会損失に目を向けられるか

③ いかに早く失敗して、「行動」の最短ルートを見つけていけるか

④ 行動初期は「かかるコスト＞収入」という投資の方程式を理解できるか

この4つのリテラシーを身につけて、人生をみずから決断していかなければなりません。

■知識だけでなく行動こそが命

もちろん、知識もチャンスの扉を開いてくれます。

ですが、**知識が多くても、チャンスを掴みとれるかどうかは、その人の行動次第です。**

行動しなければ、その人に「運」があるかどうかもわかりません。

たしかに、生まれつき強運な人はいます。

たとえそうだったとしても、「行動」しなければ生まれ持った強運すら試すことができないわけです。

結局、行動しないことには何もわからない。

行動しなければ、何も変わらない。

だから「知識」を得た時点で、必死に行動していくことが大切になるのです。

1つのインプットに対して、100のアウトプット。そのぐらいの気持ちでいてください（この具体的方法については次の第4章でお伝えします）。

そこでこの章の後半では、投資脳を手に入れて、どう行動をお金や資産に変えていくか、そのヒントを紹介していきます。

「投資にまわす貯蓄がない」の根本的な誤り

「投資にまわす余裕なんてない」

「投資なんて、お金持ちだけの話だろう」

ここ最近、運営するYouTubeチャンネルの登録者からよく言われるコメントです。

その気持ち、よくわかります。ただ、もしあなたも同じ悩みを抱えているなら、そもそもの投資家としてのリテラシーのベクトルが間違っています。

投資家の資産運用で、大事な視点の1つがこれです。

それは、**投資の資金とは、あなたの生活や貯蓄をギリギリまで切り詰めて、ロ**

座から泣く泣くお金を投資するのではないということ。

金融リテラシーだけを高めようとすると、このように今の収入を切り詰めて、投資を続けていこうとします。それはとてもつらいですし、今の幸せをムダにすることになります。

■「浪費」を削って、「投資」にまわす

一方、正しい投資家リテラシーの持ち主はこう考えます。

1000円、3000円という今のこまかな「浪費」の部分を見直して、投資にまわしていこう。

たとえば、まずは月1万円の浪費から見直してみましょう。

1万円などと聞くと、そんなの無理だと感じるかもしれません。けれど、はた

してそうでしょうか。

煙草を吸っている人は、まずそれをやめましょう。毎週グチや上司の文句などの同じ会話をするために、つき合いだけで飲んでいる居酒屋の飲み代。これをなくすだけでも軽く１万円を超える人もいるでしょう。

そのほか、習慣になっているカフェの１杯を、自宅やオフィスでのドリップコーヒーに替えるだけで済む人もいます。

場合によっては、福利厚生で会社にドリップコーヒーを置いてくださいと要望してみましょう。案外、すんなりと通る可能性もあります。

１杯３００円のコーヒーも、積み重なると月９０００円です。年間で約10万円、大きいですよね。

このように、自分でも常にチェックしてみてください。

浪費チェックリスト

例）携帯電話を格安サービスに見直す

- [ ]
- [ ]
- [ ]
- [ ]
- [ ]
- [ ]
- [ ]
- [ ]
- [ ]
- [ ]
- [ ]

浪費を洗い出して、
その分を投資にまわそう

いかがでしたでしょうか。

これまで真剣に浪費グセを見直したことがない人なら、正直、軽く1万円、世帯で考えると月３万円程度の資金が投資用にプールできるはずです。

こうして、浪費を見直すことで得た資金を、無理なく投資にまわしていくわけです。

脳科学的に見ても、人はそもそも臆病な生き物である

脳科学を研究するなかで、チャンレンジできない人には、スキルや経験のほかに、ある思考のクセがあることがわかりました。

日常の生活から足を踏み外すのが怖い、というものです。

これは、何もその人が臆病だとか、人間的に劣っているとか、そういうことが言いたいわけではありません。

人間というのは、そもそも怖がりで、臆病な生き物です。

私たちの祖先である猿は、サバンナでは狩るよりも狩られるほう。動物界でも、決してヒエラルキーが高いほうではありませんでした。

そのため、なるべく臆病な個体のほうが生存確率も高かったでしょう。

そうした思考パターンから、私たちには現状を維持したいというバイアスが強く働きます。これを、脳科学では「現状維持バイアス」、あるいは「ホメオスタシス」と呼びます。

つまり、私たちは意志や決断力の前に、まず、行動を邪魔する脳の構造を変化に即する必要があるわけです。

■日常のルーティンをあえて崩せ

そのためのアドバイスとしては、**あえて日ごろのルーティンを崩してみよう、**と伝えています。

なお、私が考える「ルーティンを崩す」には内的要因と外的要因の2種類があります。

内的要因とは、新しい感情の変化を積極的に受け入れること。

外的要因とは、新しい学び、出会い、環境や職場の変化を指します。

たとえば、新型コロナウイルスという天災でさえも、ルーティンを外的要因から崩す1つのきっかけと捉えることもできます。

現に、私は新型コロナウイルスがなければYouTubeをはじめていませんでした。それまで仕事も会社も順風満帆。講演や執筆も忙しく、年に2冊ずつ本を出すペースを続けていました。新しいことに取り組む時間的な余力も、その必要性も、まったく感じていませんでした。

それが、コロナが世の中に広まったことで、一気に状況が変わりました。

私の会社も例外なく自粛の影響を受けましたし、オフィスそのものを閉鎖して、全員を在宅ワークにする必要性にも迫られます。

書店さえも自主閉店しているありさまで、出版の話も全部ストップしてしまいました。

誰もいないオフィスに一人出勤して、休日のように静まり返った暗いデスクまわりを見まわしたときほど、気分が落ち込むことはありません。

そこで、ふと思いついたことが、ほかの社員に迷惑をかけずに、一人でできる事業をスタートすることでした。

結果、予算もかからず、PRマーケティングのコンサルティング会社という弊社事業ともシナジーが出やすいYouTubeをスタートすることにしたのです。

そのほか、YouTubeをスタートした理由は3つあります。

1つは、今後どうなるかわからない混沌《こんとん》とした経済状況のなか、新しい取り組みでリスクヘッジしたいという想い。

もう1つは、不安にくれる社員に、変化し続ける自分の背中を見せることで鼓舞したいという願い。

そして最後は、これまでの経験から、逆境のときこそ「行動」を続けるほうが、未来が好転することを知っていたことです。

それでも最初の3か月間は、500人も登録者は増えませんでした。何度も心が挫けそうになりましたし、チャンネル登録者22万人になった今振り返っても、本当につらいチャレンジでした。

それでもあきらめずに続けてこられたのは、経済が完全にストップしていたこと。この外的要因による逆境があったからにほかなりません。

オフィスに誰も出勤してこない。コロナによって外出する必要がない。会食に誘われることもない。本来なら悪影響なことが重なったおかげです。

もし早々にコロナが終息して、仲間や社員たちが復帰してきていたら「YouTubeってムリゲーだわ」と、さっさとさじを投げていたでしょう。

コンフォートゾーンから、ストレッチゾーンへ行こう

誤解がないよう断言しますが、新型コロナウィルスなど、ないほうがよいに決まっています。

ただ、**キャリアを積んでいくと、どうしても本人が気づかないうちに、つい居心地のいい空間、専門的な言い方をすると「コンフォートゾーン」にしがみついてしまうことがあります。**

慣れ親しんだ職場、居心地のよい仲間、いつも通りの通勤の行き帰り。いつのまにか心地よい場所に居続けることがルーティン化されてしまい、段々と景色が狭まり、同時に思考も縮小されてしまう。

もちろん、「自分はもう一生、このコンフォートゾーンでいい」「この場所を、

一生かけて守り抜くんだ」という考えの人もいるでしょう。私もそうした考えは大切にしたいですし、理解できるので否定はしません。

ただ、少なくともこの本を手に取り、少しでも投資脳を手に入れたいと望むのであれば、**「今」を死守するためには、現状維持こそリスクが伴う**ということは理解しておいてください。

あなたが変化に対して強くなり、どのような未来においても強固に耐えうる適応力を身につける。そのことでこそ、「今」を守るという選択が取りやすくなります。

そうでなければ、思わぬ外圧や変化に、あなたの一番大切なものを守るどころか、その場で耐えることすら難しくなってしまうかもしれません。

「強く大きなものが生き残るのではない。変化に適応できたものだけが生き残る」

これは、ダーウィンの進化論に出てくる有名な言葉です。あまりに有名なため誰もが知っていることでしょう。

では、そのために、どうするか。

私は、**自立した投資家としての「成長」のためには、コンフォートゾーンとストレッチゾーン（違和感をおぼえる場所。成長空間のこと）の2つを行き来すべき**だと考えます。

コンフォートゾーンにいると安全地帯でありリラックスできますが、成長はゼロか微増。場合によっては、周囲が成長しているなかで、一人だけ後退することだってあります。

■違和感こそ、成長の証

一方、ストレッチゾーンに入ると新しいチャレンジがあります。日々成長する実感がある一方、日常には精神的な負荷がかかります。

ルーティンを崩すということは、あえて、このストレッチゾーンに入る状態のことです。

最初は徐々に、やがては意識してコンフォートゾーンから、このストレッチゾーンに入ることができるようにする。こうすることでみずからの意思と選択で、自由自在に成長の糧を自分自身に与え続けることができます。

新しいチャレンジや行動は、ときに違和感を伴います。

その抵抗を感じる瞬間こそ、新しい成長のチャンスと思えば、迷いも恐れもなくなります。

あなたは、新型コロナウィルス騒動で何を失い、何を得ましたか？

違和感そのものに感謝する。そうした感情を得られれば、成長はいつだってあなたに味方するようになるでしょう。

第４章

「学び」と「お金」は切っても切れない

大人の学びには順序がある

「学び」もまた、投資脳を磨く行動の1つです。

今、リスキリングや生涯学習がもてはやされていますけれど、**行動初期の「かかるコスト＞収入」という投資のルールを知り、学び続ける習慣がないと、実行はなかなか難しい**ものです。

いきなり「これからは生涯現役時代だから自己啓発をしろ」「副業があたりまえだから学びを受けろ」と言われても、そもそも何を学べばいいのかわからないという人が多いのではないでしょうか。

そんな方にぜひ取り入れていただきたいのが、「**今、職場やポジションの役割のなかで、もっとも必要とされているスキルから学ぶ**」ということです。

今、あなたが必要とされているスキルを習得することは、わかりやすく言えば、目の前の業務の負荷を減らして、職場の仲間への貢献度を高めることです。

まずは業務の生産性や、効果性を高めるキーパーソンとなることを目的に、はじめてみましょう。今まで5時間かかった作業を4時間に、5日かかったところを4日でできるようにします。

そこから生まれた時間的、肉体的、精神的な3つの余裕を、今度は周囲へのサポートや、自分のための自己投資に振り分けていくとよいでしょう。

■脳の報酬系を利用する

また、職場の仲間に貢献することは、周囲からの「感謝」という喜びをもたらします。職場や同僚からの「ありがとう」「成長したね」「助かったよ」という賞賛は、あなたの脳内でドーパミンに生まれ変わります。

脳は、報酬によって力を増します。

ドーパミンは「やる気ホルモン」と言われ、さらなる向上心や充実感につながります。

当然、感謝や賞賛は、そのまま年収アップや昇格にもつながります。

学びを稼ぐ力に変えて、空いた時間でさらに専門的な知識を得たり、今後の成長に投資をしていく。これを繰り返していくことで、気がつけば、はるか遠くに進んでいたということにもなるでしょう。

学びと言われると、壮大な人生のプロジェクトのように感じてしまう人がいます。時間がないからと、あきらめてしまう人もいます。

そんなときほど、**まずは今の仕事で時間を生み出す学びに集中してみましょう。成果や感謝に直結するほど、学びを習慣化できるはずです。**

相手から学ぶ姿勢を持つと、学習効果が倍加する

「他人から学ぶという習慣は、すべてが成長の場となる最強習慣である」


これは、私の持論ですが、実際に効果があります。

学びを加速する方法として、ぜひこの言葉を覚えておいてください。

一方、他人の評価を意識しすぎると、行動が止まったり、いつまでも尽きない「悩みの沼」にはまったりしてしまいます。

他人から学び、自分が変えられる部分だけに集中して、それらを行動によって変えていく意識を持つことが重要です。

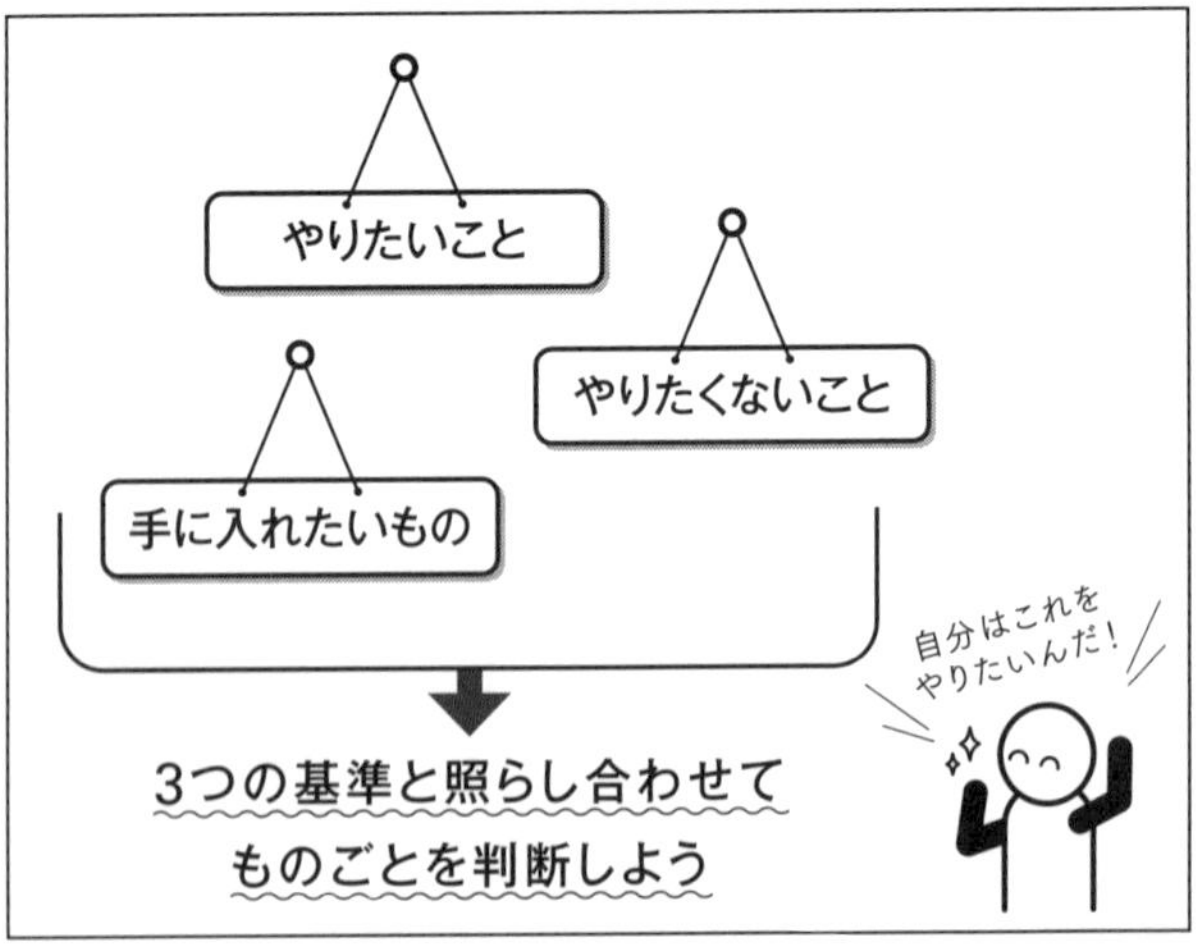
やりたいこと
やりたくないこと
手に入れたいもの
3つの基準と照らし合わせて
ものごとを判断しよう
自分はこれを
やりたいんだ！

でないと、いつまでたっても他人と比較するばかりで、劣等感や苦しみから逃れることができません。

そのために、**自分のなかに「やりたいこと」「やりたくないこと」「手に入れたいもの」、そして3つの基準を持つこと**です。

あなたの基準があれば、他人との比較のなかで、劣等感などの妄想に引っ張られることがなくなります。

哲学者のバートランド・ラッセルは、このような言葉を残しています。

「嫉妬やねたみこそが、もっとも不幸な感情である。自分が持っているものから喜びを見出さず、他人が持っているものを奪いたい、批判したいという感情だからだ」

ラッセルはまた、いくつかの行動指針を私たちに提案しています。

その1つが、**嫉妬する代わりに、感謝の言葉を増やすこと**です。

相手をうらやんだり、妬んだりする前に、「褒めるべき点」を探そうというわけです。

■人から学べる姿勢は、あなたの時間を増やしてくれる

私はそこから、さらに一歩踏み込んで「学ぶべき点」を探してみることをおすすめします。

私自身、年下でも部下でも、必要なことは「君ならどうする?」「こういうケースはどうなるの?」と口にして、他人から学ぶようにしています。

木が地中深くまで、四方の隅々まで根を張るように、全方位から学んでいくわけです。

「年下や部下から学ぶことが恥ずかしい」

そう感じている人は、実際にいると思います。

ただ、それは結局、もっとも強い劣等感のあらわれです。そうした人ほど部下や立場の弱い人間に、高圧的になったりしてしまうものです。

私のまわりの優れた経営者ほど、謙虚であり、すべてにおいて自分が優位で万能とは思っていません。

なにより、**目の前の人が答えを知っているのに、ほかから学ぼうとすれば、それだけ時間やコストが余計にかかります。**

お金持ちや資産家が誰からでも学ぶ傾向が強いのは、自分の時間より価値の高いものはない、ということを知っているからです。

年齢に関係なく、自分より優れた相手を見つけることで、時間をより増やすことにつながります。さらに相手と自分の考えを融合することで、より客観的な俯瞰の視点が持てるようになります。

ぜひ、あなたも訓練だと思って、相手から学ぶ姿勢を持つようにしてみてください。

1のインプットから100のアウトプットを生み出せ

ここまで「学ぶこと」「行動すること」の大切さを述べてきました。

私が考える本当に大切な投資脳の行動力とは、インプット1に対してアウトプット100を生み出す姿勢です。

同じ1つの学びから、どれだけアウトプットできるか。こうした視点を日々持ちながらインプットを続けている人が、はたしてどれだけいるでしょうか。

1つのインプットから、1つのアウトプットは普通の人の考え方です。ただ、それでは投資リターンは平均のまま。ライバルとの差も縮まりません。

そこで私がおすすめしたいのが、1のインプットから100のアウトプットができるようにしよう、というものです。

そうすれば、投資リターンの差は1秒ごとに大きくなります。

たとえば、**1冊1500円の本を読んで、1個しか行動や改善のためのアウトプットを生み出せない人と、そこから100個のアウトプット、改善案を生み出せる人では、時間効率やリターンは歴然の差になります。**


何を大げさな。そんなこと言ったってできるはずがない。もちろん、そうした人の意見も理解できます。ただ、私はある工夫をすることで、誰でも同じリターンを生み出せると考えています。

それが、日ごろから持っている問題意識の差です。

■問題意識の数だけアウトプットを生み出せる

そもそも、人間の脳はその80%を熱量エネルギーで消耗する、とんでもなく燃費の悪い臓器です。そのため脳は熱効率を高めるために、今すぐ必要ではない記憶はどんどん忘れるようにできています。

だから、ぶらりと書店に立ち寄って「よさそうだ」と本を読んだり、「自分を変えたい」と自己啓発セミナーに行っても、ほとんどは記憶に残らず忘れてしまうのです。

記憶に残らないインプットは、ゼロプットに等しいもの。すべてがムダだとは言いませんが、投資効率は高いとは言えないでしょう。

これを、一瞬で変える方法があります。今からその秘訣を紹介します。

それは「ハテナポケット（問題意識）」を数多く持つということです。

こんな経験がありませんか。今、目の前にどうしても乗り越えられない壁があり、いてもたってもいられなくなり書店に駆け込んで課題を解決した経験が。

私にもあります。たとえばいい例がパソコンスキルなどです。そうして書店に行って、手に取った本の内容は、それから数十年たっても、いまだに覚えているものです。

このように、**人は問題意識を持つことで、脳が解決しようとアンテナを張り巡らせて、学びを記憶にとどめようとします。**

つまり、最初から100個のハテナポケットを持っていれば、転がってきた学びの玉は必ずどこかに入ります。仮に本に100個の学びの玉があれば、それらの穴にポンポンと埋まっていきます。

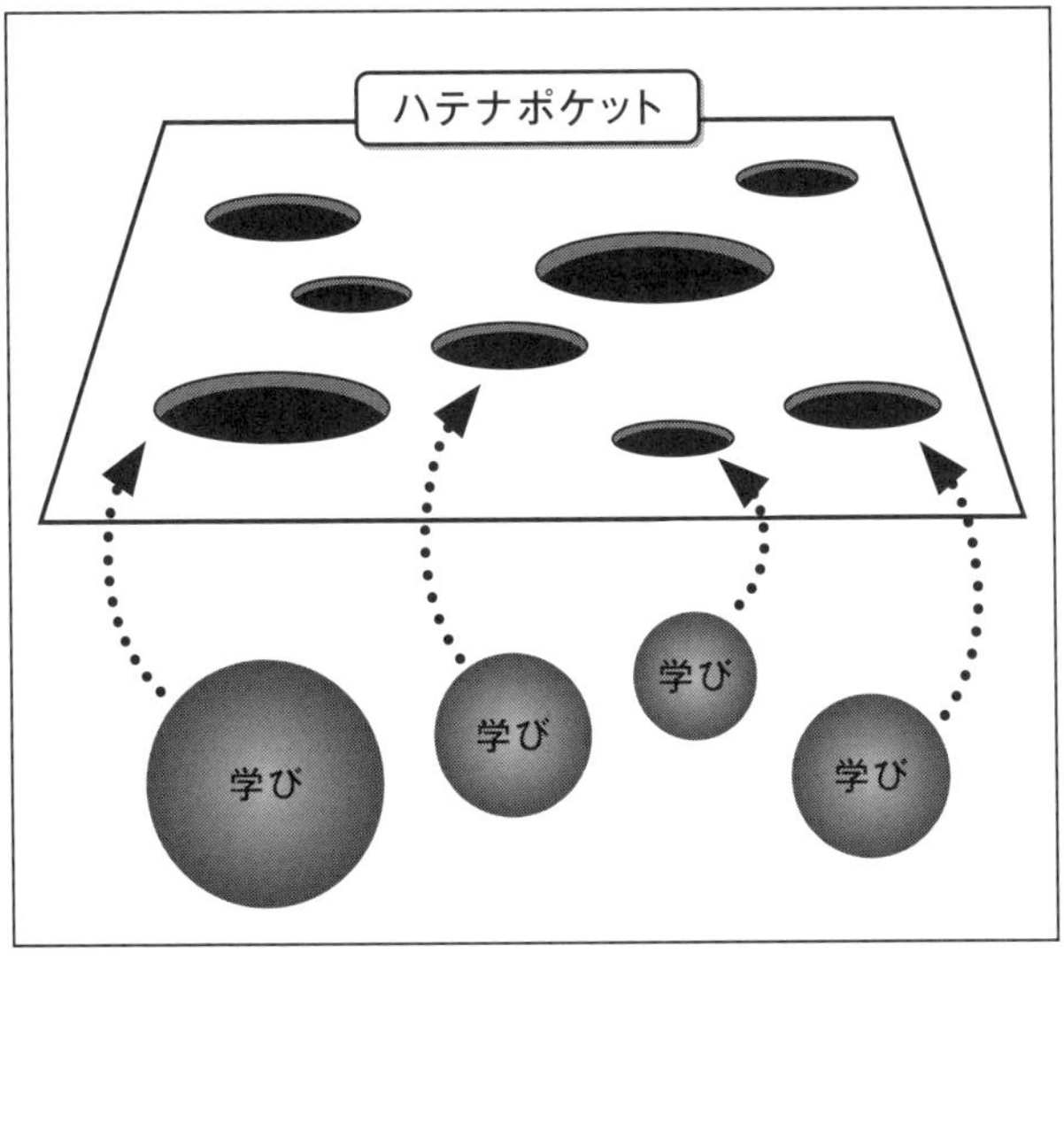

一方、1個しかハテナポケットがない人は、100の学びがあっても、結局は1つしか記憶にとどめることができないでしょう。

理由は、ここまで説明してきた通りです。私たちの脳は、ムダな記憶をとどめておくほどの便利機能はないからです。

もちろん、そのような人のために、本書の後半で問題を明確にする方法も解説しています。ぜひそちらも参考にしてみてください。

どちらにしても、このように、1つの学びからたくさんのアウトプットを生み出すことを、強く心がけるようにしてください。

人をやる気にさせる、99％の人が知らない鍵

これまで１０００冊以上の本を読んでわかった「億万長者」に共通する、たった１つのことがあります。どのビジネス本にも必ず書かれているのは、インプットしたらアウトプットを生み出せ、ということです。

つまり、**行動こそがあなたを変える**、**最大の原動力になる**というわけです。

もちろん、１０００冊の自己啓発本のすべてに書かれていることだけに、あなたも熟知しているはずです。

それでも、人はなかなか行動を起こせない。

長年その研究をしてきて、脳科学的に考えると**私たちが生まれつき持っている**

マインドセットが、「恐れの固定観念」だからだと気づきました。

そのことに気づいた私は、人に行動を起こさせるには、ゴールイメージやTODOリストはもちろん大切ですが、その前に恐れのマインドセットを排除しなければならない、という確信に至りました。

恐れを卒業すれば、人の能力は無限で、成長し続けることができる。
起きてしまったことは問題でなく、それをどう受け止めるかを大切にする。

そう考える成長のマインドセットで、生きる決意をするわけです。この「成長マインドセット」を手に入れると、人は誰でも劇的に変化しはじめます。

行動力も、そのためのスキルやノウハウも、まずマインドセットが先にあってこそなのです。

■成長マインドセットの手に入れ方

とくに若い人に知ってほしい「10倍行動して、10倍速く成果というリターンを手に入れるコツ」があります。とても大切なことなので、ぜひここだけでも、腑《ふ》に落ちるまで繰り返し読んでください。それは、

・自分に無限の可能性があると信じることができるか
・いかに自分ごと化できるか
・いかに周囲で起こることすべてを、ポジティブに捉え直すことができるか
・1つのインプットから最大数のアウトプット（行動）を生み出せるか

これらが成長マインドセットに日常で取り組むために大切な4つの要素です。
そのための具体的な三原則が次になります。

（1）まず、欲しい成果の全体像を把握して、全体をおぼろげでいいので掴む

（2）その成果のために何が必要になるのか、課題解決のために投資するべき点を考える。もしくは課題を抽出しながら、行動を押し進める

（3）小さく成果を出して、変化をポジティブに楽しむ

とくに、3つめの「変化をポジティブに楽しむ」が大切です。

何かができるようになる瞬間が楽しいと思えれば、成長のための時間や学びは、すべてが遊びに変わります。

そのために、まずは目の前の仕事にひたむきに取り組み、「できることが増えた＝楽しい」「周囲に貢献できた＝楽しい」「苦しかったけど成長できた＝楽ぐるしい」と思えるようにしてください。

ちなみに「**楽ぐるしい**」は、今は亡き、私が経営者になる前に師事した方から、生前教えていただいた言葉です。いい表現ですよね。

すべては、苦しさの次に喜びがある。

陰陽と同じく、表裏一体です。楽しさだけのなかでは、やがてはその快楽の感情も薄れて、何も感じなくなるということです。

これが究極の成長マインドセットです。こうなれば、もう怖いものなしです。

人生の戦略設計図を描こう

ただ、このように成長マインドセットの話をすると、「楽しむより先に、ゴールを明確にすることが大切だろう」と考える人もいます。

たしかに「最初にゴールを決めること」は大切です。

しかし、ゴールを決める方法がわからない人が多くいるのも事実です。

そうした人は、**まずは目の前の課題を1つひとつクリアして、周囲に貢献したり、自分が成長する喜びを追求しながら、ゆっくりと自分のやりたいことを見つけていけばいい**、と私は考えます。

結局、誰もが毎日進むべき道に悩み、迷っています。

無理に今、人生をかけてやりたいことを決める必要はないのです。壮大な人生の目標を頼りにしても、あとで悩んで行動できなくなるだけです。

孫正義氏など偉大な成功者と、私たち凡人は違います（実際には、彼も何度も事業買収したり、ファンドを創生したりと目標を変えているのですが、偉人の目標は不変のものと見えるようです）。

ゴールなんて変更してかまわないし、軌道修正していいのです。

ちなみに私はゲーム感覚で、週単位でゴールを設定し直したり、ルートを変えたりしています。

■落書きからはじめればいい

それでも不安な人のために、誰でもできる目標設定の方法を紹介しましょう。

やり方は簡単です。

週末の午後など暇を見つけては、**一人カフェでコーヒー片手に、Ａ４の方眼ノ**

ートに「人生の目標クリアのための戦略マップ（設計図）」を、ゲームクリエイターにでもなったつもりで描くようにしてください

フォーマットは自由、主人公はあなた、そして敵や障害物は仕事の課題です。最終ゴールはいくつあってもいいでしょう。あなたとゴールを結ぶ行動ルート、手に入れるべきスキル（アイテム）も描いていきましょう。

はじめは呑気に、落書き感覚ではじめてください。

けれど数分もたてば、熱が入り、本気になってくるものです。

必要なのは、数百円の方眼ノートと三色ペンだけ。肩ひじ張らないから、気軽にはじめられます。

これだけでも、大抵の人はとりあえず、目の前の最初のルートに走っていけるわけです。

自分の現在位置を知り、まず行動したいルートを羅列してみて、あとからゴー

ルを決めればいい。そんな気軽な気持ちで走り出せば、おのずとその速度があたりまえになって楽しくなります。

私は週末ごとに、落書きをするかのように、戦略マップ（設計図）を書き足していきます。このとき、**きれいに清書しようなどとは絶対に思わないでください。落書き程度に書くから、続けられるのです。**完璧に書こうと思った途端、前に進めなくなってしまいます。

自分を定点観測しながら、たえず課題との距離感や自分の向かうべき方向がわかれば、徐々に右に行くべきか左に行くべきかがわかります。

歴史上の偉人でもない限り、大きな人生の目標を最初から持つなど不可能です。もし、**人生の岐路に不安になっているのであれば、目の前の「今」に集中して、とにかく行動を起こしてみてください。**

きっとそれが、あとから大きな変化の最初の一歩だったと気づくはずです。

「ながら耳学」は、人生のゲームチェンジャーになる

タイパ（タイムパフォーマンス）のいい「ながら耳学」が、年齢に関係なく話題になっています。

私は、もはや移動中などはYouTubeを「ながら聴き」していない時間が、もったいなさすぎて罪悪感をおぼえるレベルです。

すべてのスキマ時間をインプットのための学習時間にする。それを無理なく続けられるのが、動画やオーディオブックを活用したこの「ながら耳学」です。

必要なのは、ワイヤレスイヤホンとスマートフォン。あとは、外出先でYouTubeを閲覧しやすいよう、インターネット回線は無制限プランを契約します。

正直、私はこれまで自己投資に2000万円以上をかけて、いろいろな勉強法を試してきましたが、インプットに時間をかけず効率性と効果性を高めるには、この方法が一番です。

「ながら耳学」は、誰もが成長の伸びしろを最大限に増やすやり方です。

もちろん、専門的な知識や体系化して学びたい場合は、書籍に敵うものはありません。記憶へのとどめやすさも、本に軍配が上がるでしょう。

一方、**「ながら耳学」にはインプットにかけていた時間を、そのままアウトプットや行動する時間に使えるメリットがあります。**

人は変化を嫌う生き物です。

大きな変化や犠牲は、継続への障害となります。

私が「ながら耳学」をおすすめする一番の理由は、歩きながら音楽を聴いたり、黙々と掃除やランニングをしていた時間を、そのまま耳学に置き換えるだけで済むことです。

脳科学では、新しい習慣を身につける最大のコツが研究されています。

それがこの〝代替方法〟です。たとえば、

「筋トレをはじめたい人は、まずはテレビを見ながら、軽い踏み台運動からはじめてみる」

「掃除や洗濯をしながら、英語のリスニングをスタートする」

このように、**すでにやっている日常の習慣に、行為や時間を有効利用して代替すれば、無理せずに新しい習慣を取り入れることができます。**

逆に、脳がもっとも難しく感じるのが、

「朝1時間早く起きて、新しくランニングをはじめる」
「テレビを見て楽しんでいた時間を完全にやめて、英語の勉強をはじめる」

など、新しい習慣を生活に組み入れる方法です。

これだと、変化の激痛にあなた自身が耐えられない可能性が出てきます。

つまり、通勤時間やトレーニングと同時並行してできる「ながら耳学」は最高の代替方法になるわけです。

■インプットには極力時間をかけるな

私自身は、スキマ時間だけでなく、最近では筋トレやランニングなどの単純作業をしている時間を活用して、耳から大量の情報をシャワーのように浴びて学習を並行しています。

つまり毎日、無理せず「ながら耳学」を続けているわけです。
私が実際に耳学に使っている1日の時間をご紹介します。

・朝食をつくっている時間
・出勤の支度をしている時間
・会社までの通勤時間
・ウォーキングしている時間
・電車に乗っている時間
・一人でランチを食べている時間
・夕食をつくっている時間
・掃除をしている時間
・洗濯物をたたんでいる時間
・お風呂に入っている時間
・眠りに落ちるまでの数十分

もちろん、私は経営者であり、登録者22万人のユーチューバーでもあります。

情報収集は仕事の一環であり、日課となっています。

どこまでやるかは、あなた次第です。

ただ、どれもスキマ時間で、かつ「ながら」でおこなえるものばかりです。

家族との団欒や趣味の時間を犠牲にしてまでインプットしている人は、参考になる部分はあると思います。

ぜひ、気分転換として、まずは気楽にはじめてみてはいかがでしょうか。

Column

環境は、いつだって変えられる

日本企業の決算が好調なのに給与が増えない1つの理由は、高い給与を求め、会社を辞めて独立したり転職したりする人が増えないからだと思います。

企業側も「だったら給与を上げる必要がないな」となります。

つまり、互いに緊張感が足りない状態なわけです。

逆にベンチャーやスタートアップのように、働きに見合わない給与やポジションであれば、どんどん会社を辞めて転職する。そうした流れが早い会社ほど、社員をつなぎとめようと、昇給や待遇の向上に目を向けざるを得ません。

やりがいや給与を搾取されても、転職しなければ、それは今の環境を受け入れているにすぎません。

つまり、終身雇用にしがみつくという考え方は、給与も上がらず、会社からも重宝されない、ダブルで身を滅ぼす選択なわけです。

もちろん、家庭やローンなどの問題ですぐに転職できない人もいるでしょう。

それでも、100%会社にしがみつけば、リストラや降格の恐怖に縛られることになります。

要は「転職などもってのほかだ、私の人生のなかで一切考えていない」という考えでは、もし会社側に理不尽な要求をされたり、上司からパワハラを受けるような環境があった場合、逃げ道がなくなるということです。

じっと我慢していたら、ストレスだけがたまって、身体のほうが先に壊れてしまうかもしれません。

あなたの成長と決断次第で、いつでも環境は変えていける。

待遇の不満や耐えられない職場環境を、いつでも会社と交渉できる。

こうしたwin-winな状態をつくることで、互いに尊重し合う自立した関係になることができ、昇給やキャリアアップにもつながっていくわけです。

第5章

勝ち続ける投資家は、いつも何を考えているのか

投資しなければ、機会損失になる

多くの方の投資に対する考え方は、間違っています。**投資について学ぶか学ばないか、資産運用するかしないか。この両方のメリットとデメリットをしっかりと把握する**ことが、投資脳を手に入れて、自分らしく生きるためにはとても重要になります。

さらには、短期よりも長期投資目線。これが投資家としては大きなポイントになります。なお、この長期投資の目線には自己投資も入ります。自己投資も投資と同じで、早くはじめたほうがリターンは大きいですし、1つの学びが資産としてずっと使えるなど、さまざまなメリットがあります。

逆に、はじめるのが遅かった場合は、機会損失のデメリットにも着目しなければなりません。

投資脳では、人生のすべてのものごとにおいて、機会損失になるかならないかで考えるのです。

買い物、旅行、株式投資の勉強、本を読むかどうか、はたまたこのテレビを見るか見ないか。これらも「機会損失になるのかどうか」で取捨選択していきます。

■行動にスーパードライブをかけよう

たとえば今、この本を読んでいる時間が、あなたの将来の機会損失なるのか、ならないのか?

投資家は未来のリターンを推し量りながら、現在の行動にドライブをかけていきます。常にこのような問いかけを、自分自身にしていきましょう。

同じように、投資をはじめないことが、あなたの人生の機会を奪うことにならないか？　機会損失の場合、将来どのぐらいのリターンを失うことになるのか？

優先度や緊急度でいちいち考えるよりも、このように考えれば、今やるべきかやるべきではないかの判断がシンプルに見えてくるのではないでしょうか。

機会損失で考えて、明日のチャンスを増やしていく。

これを毎日、人生の分岐点や行動への迷いが生まれたときにおこなうことが大切です。生まれた環境は関係ありません。酷な話かもしれませんが、貧乏な人は、貧乏なままの考え方によって引き起こされるのです。

10回やって1回成功でOKというマインド

お金持ちになるための行動を起こすには、まず「どんな強みや、未来の展望を持つか？」という自己分析が大事になります。

未来に目を向けて、自分の強みの上に積み木のブロックを積み上げるように、スキルや経験、場合によって失敗を積み上げて伸ばしていくわけです。

ある程度の年齢になったら、高さだけでなく、今度は積み木の広さを活かして戦っていくことも大事になります。

当然、投資には必ずリスクがともないます。このリスクについても理解していく必要があります。

リスクと聞くと、人の反応は2つのパターンに大きく分かれます。

失敗がもたらす恐れを最大化して考えてしまう人と、失敗からの学びを最大化しようと考える人です。

失敗の恐れや失望を最大化する人たちは、常に迷っています。

しかしながら、成功も失敗も、どちらも果敢な挑戦の結果でしかありません。

そのため、失敗のダメージを最大化するのではなくて、失敗にこそ次のチャンスがあるのだと考えて、人生に投資をしていくことが大事です。

私は、10回中1回でも成功する確率のくじがあれば、チャレンジしたほうがいい、とよく話します。

一見、失敗する確率ばかりが大きくて、やる意味がないように思えます。でも、じつはこれってすごい確率です。

10回やれば1回成功して、人生が激変する可能性があるわけです。大きく利益が出たり、成長してリーダーとして自立していけるチャンスとなれば、その挑戦をやらなかったこと自体が人生の大損です。

つまり、1回の挑戦にかけるのではなく、挑戦を続けることで、100回やれば10回成功する確率に着目するのです。

ここまでくれば、あとは効率論の問題です。

どれだけくじを引けるかの行動管理、モチベーション管理や、リーダーであればチームマネジメントの領域を追求することで、どこまでも可能性は広げていけます。

■さっさとやって、早く失敗したほうの勝ち

人生で大きな利益を手に入れたり成功をする人というのは、このような思考で自分の可能性を引き出しています。

ユニクロの柳井正氏も『1勝9敗』（新潮社刊）という本を出しています。ある大学の講演で、ソフトバンクの孫正義氏も同じようなこと言っていました。失敗からしか成功は生まれない、と。

私も、同じ考えを持っています。

10回やれば9回は失敗する。だったらさっさとやって、早く失敗したほうの勝ちです。**残りのくじには、成功しか残っていないわけですから。**

単純でバカげた話ですが、日本を代表する経営者たちも、これと同じことを言っているわけです。

未来の分岐を数値化しろ

私たちの人生というものは、1分1秒ごとに無数の可能性が、植物の根のごとく網の目状に分岐していくものです。こうしたイメージを持つと、今この瞬間どう行動するのが大切かをイメージできます。

分岐のなかで、少しでも自分が成長する確率が高いものを探し出して、トライ&エラーを繰り返していきます。失敗しても、その先には次の新しい可能性の分岐が待っています。

つまり、**人生の投資とは、分岐ごとにリスクを負ってリターンを生み出していくこと。**これも投資脳では、非常に大事な考え方です。

■私たちが持つ4つのアセットクラス

なお、ここでいう人生の投資の構成要素とは、次の4つに分かれます

時間の投資、エネルギー（労働力）の投資、お金の投資、最後は知識や経験の投資です。

人は意識せずとも、誰もが持っている4つのアセットクラス（資源）を活用して、個人個人の価値を高めながら投資家としてすでに行動しているわけです。

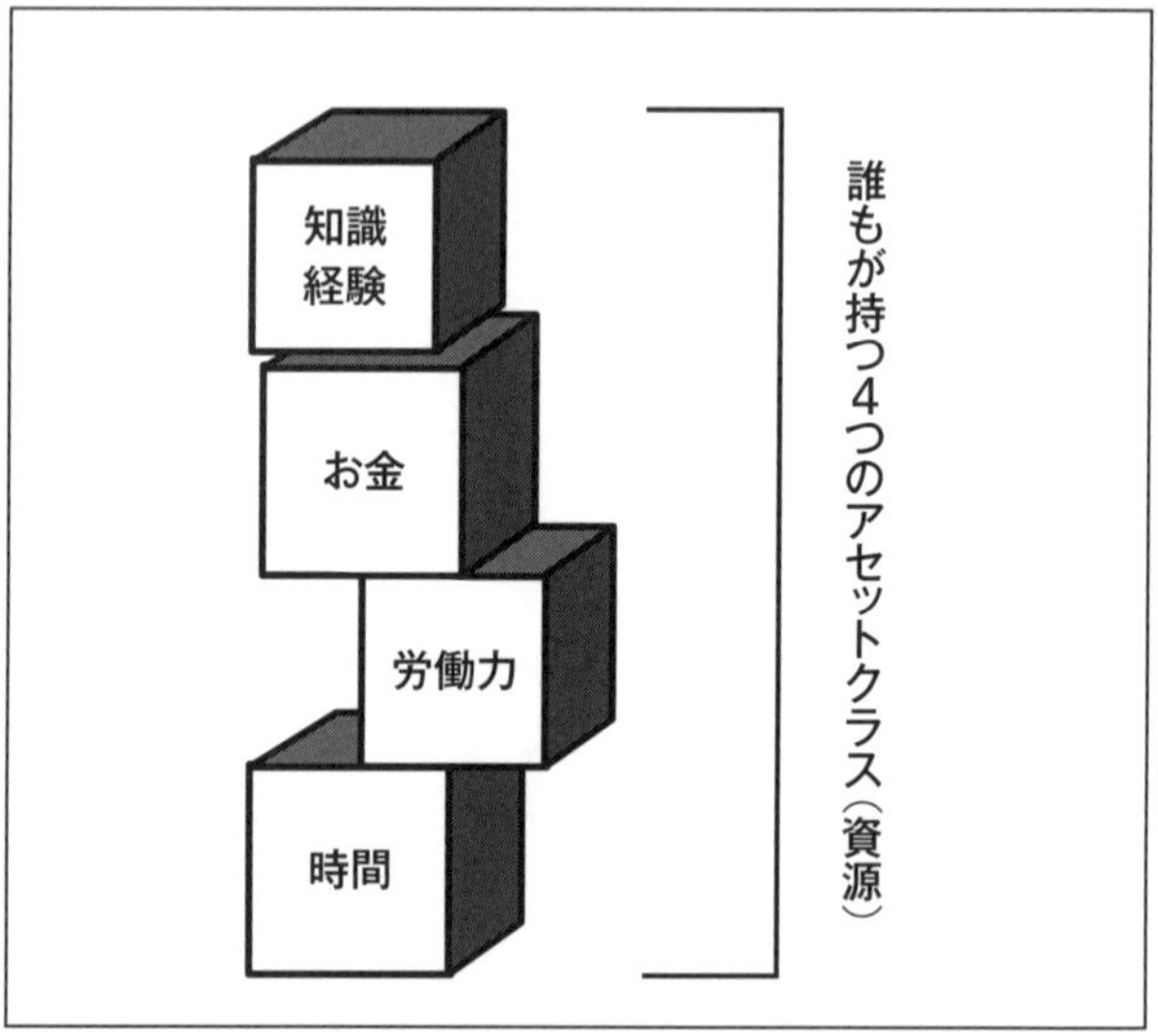

もちろん、リスクは絶対にゼロにはできません。

なので、すでにお伝えした機会損失に目を向けて、リスクよりロス、ダメージよりリターンを数値化するということが大事になってくるわけです。

考えるべきは、やらないことで生じるロス、そして一歩でも行動することのリターンです。

そのための習慣として、常に挑戦すべき自分を維持する。その方法は、もうすでにお話ししていますよね。

投資家の時間の使い方

　ここまで読んで、あなたの投資脳はかなり磨かれたと思います。

　投資家人生をスタートしたら、**最初にあなたの「時間」を活用することになります。時間は、誰にでも平等に与えられた資源だからです。**

　時間を最初に投資することで、お金はもちろん、チャンス、人脈、知識や経験に変えていきます。ロールプレイングゲームでいうところの、魔法のアイテムと物々交換するショップのようなイメージです。

　とくに私がおすすめするタイムマネジメント法が、**朝のスタートダッシュを早める**ことです。

ただし、ここで重要なのが、早起きするだけではダメだということです。

最近、「生涯学習」というキーワードをよく耳にするようになりました。

そうしたなかで、朝早く起きて、その時間に資格の勉強をしたり、交流会やセミナーに参加するなど、朝活が1つのブームになっています。

ただ、いくら朝4時や5時に起きようと、どれだけスタートダッシュしたのかを評価基準にしなければ、時間投資の効果性がいいとは言えません。

朝、まだ暗いうちから起きても、全力集中するスタートの立ち上がりが8時9時であれば意味がありません。

こうしたケースは意識していないだけで、意外と多いのではないかと思います。

朝、誰も起きてないうちから起きて、スマホでニュースサイトをネットサーフィンする。

メールを見ていたら、つい気になるメルマガを見つけて、そのままECサイトで買い物をはじめてしまう。

パソコンを立ち上げたまではいいものの、つい昨日見たYouTubeが気になって視聴をはじめる。

そのまま、だらだらとコーヒーを飲みながら朝を過ごしているだけでは、正直あまり意味がないわけです。

朝起きたら、なかば強制的にスイッチを入れる。なるべくなら生産性の高い仕事、インプットよりもアウトプットに使いたいところです。

■5億円稼いできた私の朝の黄金ルーティン

私の場合、だいたい朝5時に起床します。

最初にすることは、熱いシャワーと冷水を交互に浴びることです。スマホを見たり、コーヒーを淹《い》れる前に、まずこれをルーティンにしています。

その後、身支度をして、YouTubeで耳から情報をインプットしながら、日課である腕立て伏せ、腹筋とスクワットを交互にするトレーニングをします。

その後、6時にデスクにつき、依頼されたその日の寄稿や出版予定の原稿の執筆、場合によっては銀行やベンチャーキャピタルに提出する事業の企画書など、集中力や効果性を求められる仕事から着手します。

なお、ここで避けたいのがTwitter、YouTubeのだらだら視聴やフォロワーの確認、メールのチェックなどです。こうした**効果性を求められない作業は、ある程度集中して頭が疲れてきたタイミングでおこなうと決めています。**時間にすると、朝の10時前後です。

私の場合は、その前にオフィスに出勤してもうひと仕事します。

このときはニュースや各種の経済情報のチェックを済ませます。毎日更新しているYouTubeやTwitterに掲載する情報も、ここで拾っていきます。

つまり、インプットとアウトプットを同時作業でおこないます。効率性と効果性を、ここでもとことん追求しているわけです。

気になる情報や使えそうなフレーズは、パソコンに同期されたＬＩＮＥのメモ機能にどんどん残していきます。

一昔前までは、気になる記事を自分にメールで送ったり、Evernoteを活用したりしていました。ただ、今はＬＩＮＥのメモ機能一択です。

外出先でもスマホで閲覧できますし、指先ひとつのスクロールで過去のデータも検索できます。誰でも無料で使え、一番シンプルで気に入っています。

もちろん投資家でもあるため、必要があれば9時から10時までは、証券口座を開いて株価のチェックもします。

株のトレードに費やす時間は、１日平均15分程度と短いです。たいてい、隣に別のブラウザのウィンドウを並べて、仕事と同時並行で進めていることが多いです。

こうして、朝の10時には、集中力と効果性、効率性が必要な仕事の約9割を片

づけてしまいます。

朝食はそもそも取りません。そのかわり、白米を発酵させた自家製の甘汁を、白湯と一緒に一杯飲みます。人によりますが、私は朝の時間の密度を優先しているため、頭も胃もすっきりして快調です。

その後は経営者として役員や社外のパートナー、法律や税務の専門家とのミーティングに時間を費やします。

夕方まで経営者としての通常業務をこなして、17時から一気にユーチューバーとしての顔に豹変します。２年で登録者22万人となったYouTubeですが、それでも趣味の範囲ですので、極力仕事や社員のマネジメントに支障がないよう取り組んでいます。

このように、朝の時間を有効に使えば、１日全体の仕事がはかどります。

コツを整理していくつかまとめてみましょう。

（1）朝からSNSのチェックやネットサーフィンをだらだらしない
（2）メールの返信はすべて後回しにする
（3）起きたら、すぐにルーティンに沿って作業する
（4）朝の時間は、昼や夕方の10倍の価値があると信じる

これだけで、朝の効果性は驚くほど向上しますよ。

投資家になったつもりで夢を見ろ

投資家としてのアンテナを手に入れるためには、これまで述べてきた実践法を取り入れてみるのはとても有力な方法です。

それから、もう１つ、私がおすすめするのが、「**実際にビリオネアの投資家になったつもりで行動してみる**」ということ。

未来からリターンを手に入れるためには、今の時間をどう投資するか、何に投資するか、ということが常に問われていると考えてください。

投資家として運がいいということは、そうした日常の１つひとつの投資チャンスに気づけるかどうかです。

そうしたチャンスに気づくために、日々きちんと学べているか？

前向きの姿勢でいられているか？

これらが問われているわけです。

そのために、**虎視眈々と有望な投資先や人財を探している投資家になったつもりで、毎日を過ごしてみましょう。風景ががらりと変わって見えるはずです。**

■仕事の結果＝能力×姿勢

投資家リテラシーのアンテナを手に入れるために、さらに具体的なポイントを紹介します。

まず、能力は大事ですが、その前に学ぶ姿勢が大事だということ。

能力と姿勢、これら2つが掛け合わされて初めて、人の成長というものは加速度的に変化していきます。

能力だけあって、学ぶ姿勢、聞く姿勢、働く姿勢が悪ければ、なかなか成長しません。片足立ちでは、いつかバランスを崩して倒れてしまいます。

姿勢が悪いというのは、前向きじゃなかったり、素直じゃなかったり、どこかで手を抜くことが得だと思ってしまうことです。

逆に、最初は能力が低くても、姿勢を武器にコツコツと努力する人は、時間をかけて投資家としての思考力や行動力を日々磨いて追

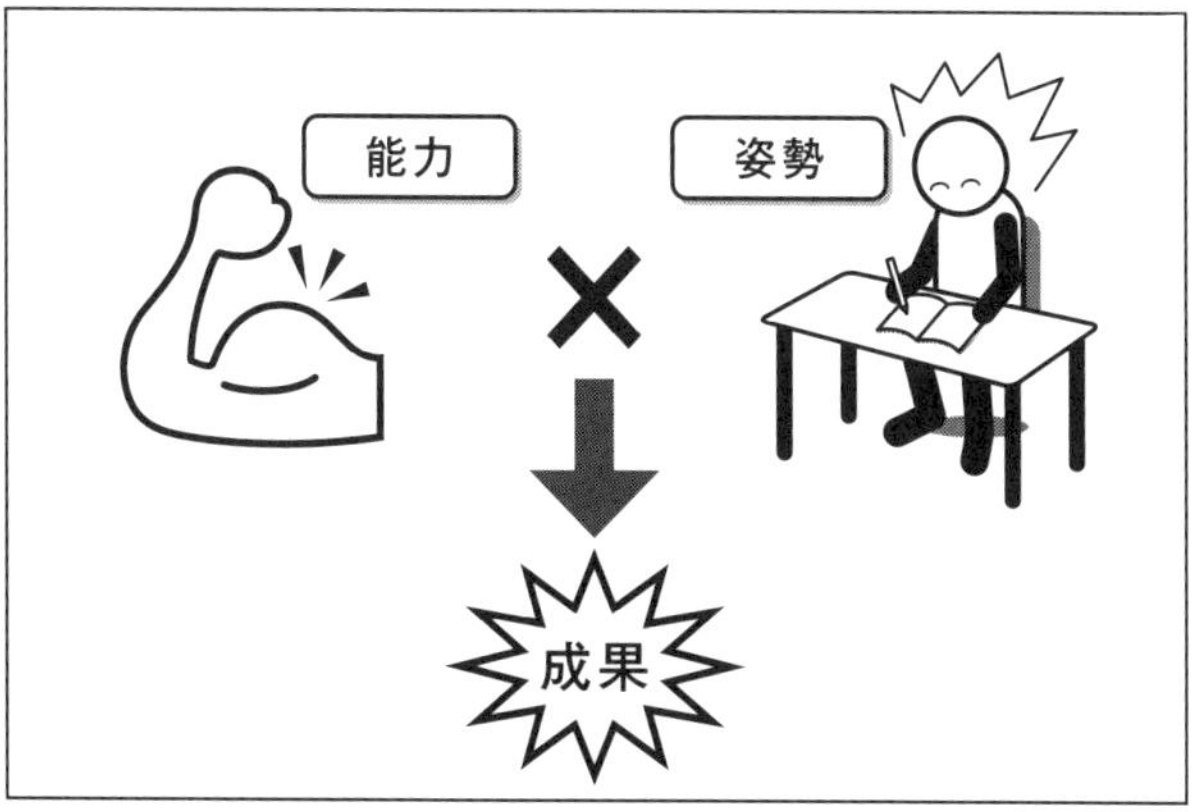

い抜くことができます。

もちろん、能力があればなおのこと。

とくに20代30代の読者の方には、「能力」と「姿勢」の2つをしっかりと手に入れて、この日本を変えていく投資家になって、自立してもらいたいと強く望みます。

お金の不安を解消する方法

お金の不安はどこから来るのか？

このことについても、述べておきます。

昨今、メディアによって老後2000万円問題など、年金問題がしきりに話題にされています。そうしたなか、読者のなかには、お金に対する漠然とした不安をお持ちの人もいると思います。

その解決のためには、金融資産だけでなく、「頭脳資産」と「経験資産」を増やしていくことが自信につながっていきます。

頭脳に蓄えたあなたの成功や失敗などの経験は、他人が奪うことができません。
ぜひ、その価値に「値段」をつけてみてください。

といっても、商品やサービスのように値札で可視化できません。
普段、あなたは経験などのキャリアという名の陳列棚に積み上げた頭脳価値に、意識を向けることはないでしょう。意識してこなかったぶん、かなり低評価の人もいるかもしれません。
しかし、それは違います。

その理由を話す前に、投資家の価値の算出方法について、少しだけお話しさせてください。

投資家の価値の算出というのは、「現在価値」と「未来価値」で考えます。

たとえば、毎月50万円の黒字を出す店舗があるとします。

ただ、その店舗の現在価値が50万円だからといって、その値段で売却する投資家はいません。

1年に換算したら50万円×12か月で６００万円にもなるからです。10年続ければ６０００万円、20年続ければ1億２０００万円の価値になります。

あなたが海外で遊んでいても、従業員によって同じお金を生み出せるのであれば、その価値はさらに倍加します。

つまり、その時点でお金を生み出す打ち出の小づちを持っているのと同じです。

これが、M&Aなどで自分の事業を売却した場合に、通常のリターンにプレミアムを上乗せして3倍、高いときで10倍20倍の値段がつく理由です。

年間の利益１０００万円の事業でも、10倍のプレミアムがつけば1億円。20倍なら2億円になります。

■ あなたの10年後の資産価値は、いくら？

このように、投資家の思考で考えた場合、一定の利益を出せる店舗の価値算出をしようとした場合、「現在価値」と「未来価値」ではまったく考え方が違うわけです。

では、あなたの頭脳資産に話を戻しましょう。

あなたのスキルや経験が、今後10年間、社会や企業に貢献できるだけの資産価値があれば、それは現在の価値の10倍、ひょっとしたら20倍で算出できるかもしれません。

ただ学ぶといっても、なかなかピンとこない人は大勢います。

本を読もう。学びをノートに書き出そう。学習したらSNSで発信しよう。そう言われても継続できないのは、そもそもの学びを、あなた自身が資産価値として捉えていないからです。

繰り返しになりますが、頭脳資産は、ほかの誰かから奪われることはありません。

天災が起きても、どこにでも持ち運べます。

ぜひ今日から、あなたの「頭脳資産」と「経験資産」の価値をどう増やすか、を意識して行動してみてください。

そのための方法を、より具体的に次章でご紹介します。

第6章

倍速で「頭脳資産」「経験資産」「金融資産」を増やす10のポイント

一生失わない資産を手に入れろ

資産とは、お金や不動産ばかりではありません。

学び直しは、あなたの3つの資産価値を高めることになります。

宝くじが当たったり、遺産を相続したりして金融資産だけあっても、詐欺にあったり、事業や投資に失敗してしまえば、すぐに無一文。それでは意味がありません。

■3つの資産を積み上げない限り、お金の不安は消えない

「頭脳資産」「経験資産」「金融資産」、この3つが増えないと、お金や将来の不

安はどんどん高まってしまいます。

そこで本章では、私が実践する「頭脳資産」「経験資産」「金融資産」の3つを増やす10のポイントを紹介したいと思います。

すでに知っていることもあるかもしれません。

しかし、知っていても、**きちんと3つの資産に当てはめて、武器として使えていなければ意味がありません。**

とても重要なパートです。

ぜひ最後まで読み飛ばさずに読んでみてください。

POINT 1

「あなたはすでに立派な資産家である」と知る

1つめのポイントは「あなたはすでに立派な資産家である」と知ることです。目的を持って、ときに大胆に、ときに柔軟に、時間とお金といったあなたの持つ資産を使う。そうした意味では、あなたは自覚していないだけで、すでに立派な資産家であり投資家です。

時間、お金、人脈、スキルや経験などの能力、夢や運……。これらは、あなただけの資産です。

それらを投資して得られるリターンである頭脳資産、経験資産もまた、すべてがあなたの資産となります。お金などの金融資産は、その結果として手に入る、あなたの人生のほんの一部でしかないのです。

資産というと、ほとんどの人がお金だけを連想するかもしれません。

ただ、投資脳の考え方は違います。

あなたの時間、あなたの経験、あなたの努力、あなたの情熱やひたむきな姿勢も、すべてが資産です。培ってきた信用や人脈もそうです。

お金持ちとは、これら1つひとつの資産を、そのときどきでマネーに換金しているにすぎないのです。その考え方こそが、あなたの資産にレバレッジをかけて、未来に投資して、資産を増やしていく投資脳になります。

ビジネスの世界では、次のページの図のように、ものごとの緊急度と重要度を「四象限マトリックス」で表現することがあります。

しかし、自分がすでに資産家であるという考え方を持てば、この「四象限マトリックス」なども、じつはあまり重要ではありません。

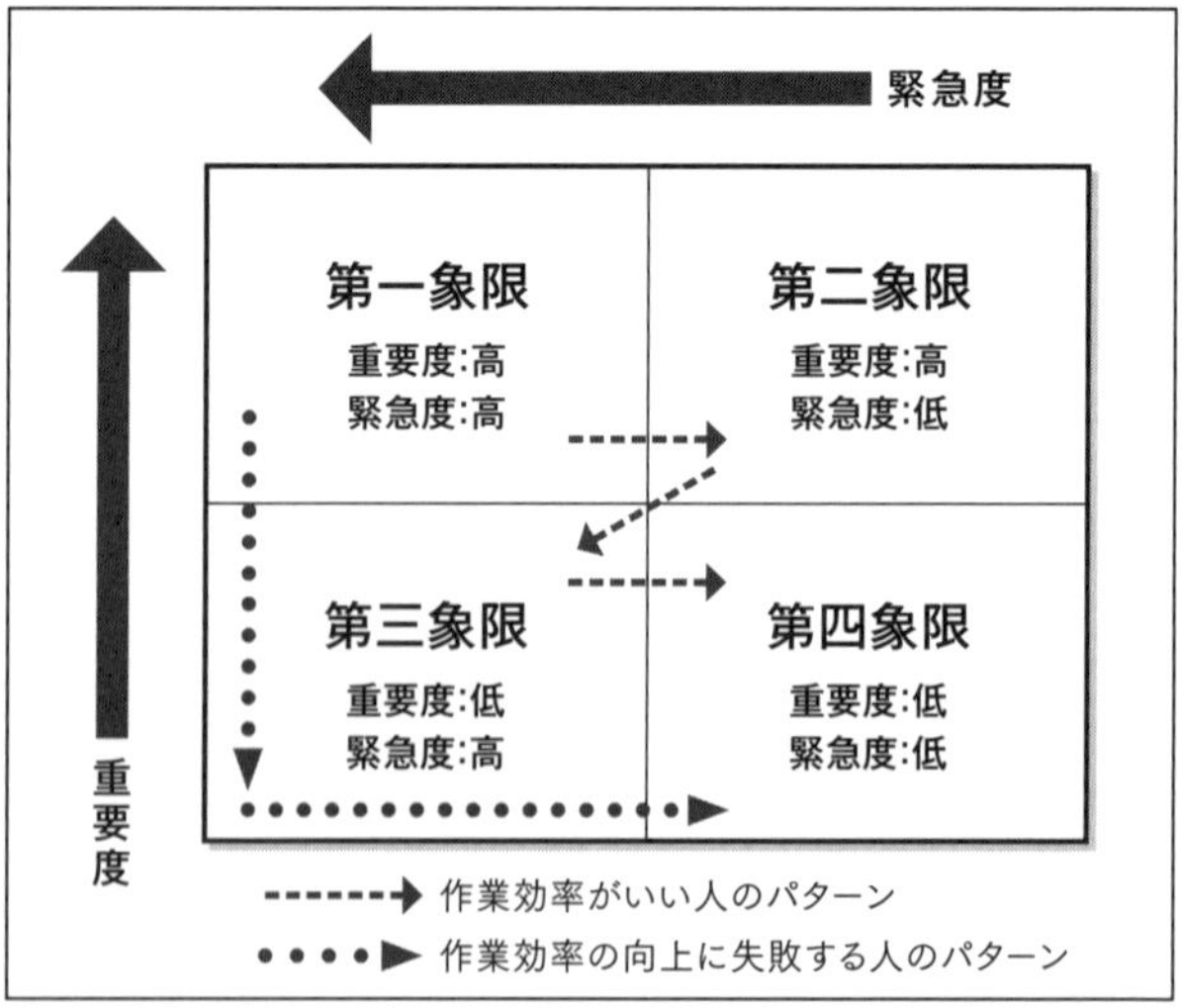

失敗も、そのための紆余曲折も、すべて100%、今後の「頭脳資産」や「経験資産」に変えていけばいいわけです。

そもそも、若いころから「これは重要度が低い」「これは緊急性が高いがやりたくない」といちいち仕分けていたら仕事が進みません。

やる前から考えてばかりいたら、評価や年収は下がります。

未来資産につながることは全部やればいい。私はそう思います。

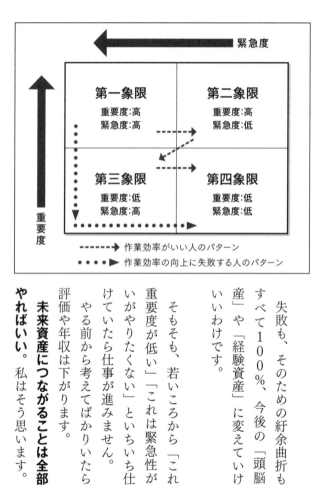

緊急度や重要度など、いくら仕分けしても、役職が上がらないと本質的な解決になりません。あとからあとから、雨の日のタケノコのようにタスクは湧いてきます。投資脳で成長して仕事ができるようになれば、なおのことです。

まずは給与をもらいながら、仕事を通じて経験を高めることが最重要です。

それらと同時に人生の答え探しなんてしても、時間のムダです。

目的やゴールが明確であれば、一見ムダな遠回りをしているようでも、おのずと「やるべきこと」に近づいたり、標準が定まってきます。

どんなに緊急度の高い仕事に忙殺されていても、そこから人生の目標を手に入れるための学びや出会いを見つけて、本当に実現したいことに向けて行動をはじめるはずです。

四象限マトリクスなどをノートに描いて思考のスペックを使うのであれば、本書で紹介した3つの投資家リテラシーに時間を使ったほうがよっぽど有効です。

未来につながることは全部やる、それでいいのです。

すべてを100%経験に変えていけば、できることも増えていき、年収や役職が上がって、やがて本当にやりたいことができるポジションや人物になれるでしょう。

ただし、過労やメンタルを壊すようなブラックな働き方はよくありません。そのあたりの線引きは必要なので、注意しましょう。

■壺《つぼ》ごと変える視点を持て

次々と、思考を消費される労働者から投資家へと切り替えていきましょう。

投資脳の視点でいえば、自己啓発書やタイムマネジメント本などでよく見られる「壺の大きさ」というのも関係ありません。

壺には大きな石から入れて、次に小石を詰めて、最後に砂を流し込め。そうれば、すべての石が入る。逆に砂から入れてしまうと大きな石は入らない、という話です。

けれど、壺に入らなかったら、その壺が悪いという発想はないのでしょうか？　大きな石が入らなければ、壺ごと変えればいいだけの話です。

「だったら、新しい壺を買って来い！」というわけです。

この話に「そうか！」と頭を打たれたような感覚にいる人は、そのための投資や行動がすぐできる人です。

逆に新しい壺を買うという発想がまったくなかった人は、こう考えてください。

常にこの世はルールを変える側、ルールチェンジャーに支配されていると。

このように臨機応変に、みずから枷《かせ》にはまらず、環境や学びの方法を変えていく。自分自身を、新しくバージョンアップさせて全力投球して勝負していく。

これが投資脳にとって、本質的に大事な「姿勢」の部分となります。

実際、銀座で高級寿司店をいくつも経営する知人の社長は、料理好きではあるものの一切お寿司を握りません。

また、ＩＴ企業の経営者の大半は、プログラミングができません。

できなければ、できる人を採用すればいいだけです。

わからなければ、わかる人に聞けばいいのです。

でなくてはならない、ではなく、なくてもいい方法を探す。

それもあなたに頭脳資産や経験資産があれば成せることです。

自分の壺だけを見れば本当に小さく、わずかな石しか入りません。他人の壺も借りることも投資と思えば、いくらでも石を入れることができます。

投資家はこうやって従業員や投資先を増やして、資産をどんどん増やしているわけです。

POINT 2

できるだけ長く、楽しみながら、バリバリ働く

2つめのポイントは、「できるだけ長く、楽しみながら、バリバリ働く」といった価値観、考え方を持つことです。

これは私の持論ですが、基本的に周囲にいる友人のお金持ちは、バリバリ働いて、それをドンドン自分や周囲に投資して、あきれるほどガシガシ稼いでいます。**もっとも効果性と効率性が追求された掛け算で、どんどん稼いで、それを投資と複利でまわして資産を増やしています。**

一方で、世の中のいわゆる「お金持ち」と言われている人たちのイメージは、

それとは真逆です。できるだけ働かずに、南の島でのんびりしたり、世界中を旅しながらたくさん資産を増やすというイメージです。

これは多くの批判を受けそうですが、世の中のほとんどの人が持っているこうした「お金持ち」のイメージは、間違ったマーケティングのなかで、ある目的への誘導のために生み出された虚像である思います。

なぜそうなるのかと言うと「楽して稼いだほうが、かっこいいから」です。

誰もがあこがれるから、雑誌や本のタイトルにもなりやすい。

「休日返上で働いてお金持ちになった」といっても、尊敬しないし、惹かれないですよね。

働かずに、ギリシャの紺碧《こんぺき》のエーゲ海など、世界中を旅するほうが誰もが理想とする生き方です。

それをわかりやすい言葉で伝えて、ラクして稼ごうとしたほうがセミナーやサロンにも集客しやすくなります。自分の持っている情報を、ラクにあなたに売りつけることができます。

でも、私のように「別に人にどう思われようが関係ない」と考えている人間は、隠すことなくバリバリ働いて、ドンドン投資して、今後もガシガシ稼ぐといった表現をします。

正直、稼ぐ力と投資する力、その両方を高回転でまわしたほうが、お金持ちとして成功する確率は断然高いわけです。

それがもっとも現実的ですし、実力で勝負できる、運に左右されない確実な方法です。

京セラの稲盛和夫会長やユニクロの柳井正会長、ソフトバンクの孫正義氏、日本電産の永守重信社長など、日本を代表する経営者で「労働することの大切さ」を否定する人は、まずいません。

それは、自社で働いている従業員に、もっと労働してほしいからでしょうか。

いいえ、違います。本心から言っているのだと、私は確信しています。

彼らは、ラクして富を稼げるルートほど危険なことを知っています。つまり、真実を伝えようとしているわけです。

だからこそ、自分の富の源泉であった「労働」「勤勉」「素直さ」を、楽しみながら働くことの大切さを、口が酸っぱくなるほど説いているのです。

働くことそのものが楽しくなれば、毎日確実にお金が増えるキャッシュマシーンになります。一時のブームや流行り言葉に惑わされるものではないわけです。

■本当のお金持ちほど、よく働く

一方、これからお金を稼ぎたいという人ほど、富の源泉でありキャッシュマシーンともいうべき「働くこと」を否定しがちです。

ロバート・キヨサキ氏の世界的ベストセラー『金持ち父さん貧乏父さん』でいうところの、「金持ち父さん」になりたいというわけです。

ただ、その方程式は完全に間違っています。

お金持ちは「働くこと＝生きること」になっています。自分が過去に労働者であったことに誇りを持ち、そのルーツを大切にし、労働してくれているあらゆる人に感謝しています。

だから、お金を確実に稼いでいけるわけです。

ここに重要なポイントが隠されています。

お金に愛されるためには、まずお金を稼ぐために今の仕事を大切にして、社会やインフラを支えてくれる勤労者すべてに感謝しないといけないのです。

今はライフワークをなるべく分離して、むしろ働くことをセーブしようという考え方がトレンドになっています。

けれど、あなたが働かなくなっても、あなたが使うネット環境や電気、水道やガスは、誰かが懸命に働いて支えています。

あなたが今日口にしたすべては、誰かが丹精込めて働いた結果であり、寝ている間にトラックで運んでくれたものであり、それを選びやすいように陳列してくれた人々のおかげなのです。

そのあなたが労働を毛嫌いしたり、働くことを否定しても、あなた自身がそれに支えられていることには変わりません。この事実を忘れてはいけません。

そんな誰かの労働に支えられたあなたが、仕事を蔑《さげす》み、どこか軽んじて、はたして本当にお金が増えて、お金に愛される生き方ができるでしょうか。

そう正面から問われると、疑問を感じると思います。

お金を稼げる人は、お金の流れを支えるすべての人に感謝できる人です。

逆にお金を稼げない人は、お金だけを信奉する人です。その感情は、お金に対してネガティブな人になります。

お金の流れを考えれば、あなたがたとえ本書を通じて不労所得を得ていたとしても、決して労働や勤労を軽んじた発言はしないはずです。本当のお金持ちになりたければ、少なくとも、あなたはそうなってはいけません。

POINT 3
支出を4つに分ける

頭脳資産、経験資産、金融資産を増やす3つめのポイントは「支出を4つに分ける」です。

「ここでいきなり節約の話か」、そう思った人もいるかもしれません。ただ、もちろん本書でありきたりな節約術を紹介するつもりは毛頭ありません。

投資脳では、

(1) 生活のための必要経費
(2) 将来のための未来投資
(3) ムダな浪費

(4) 不必要な投資

の4つをきちんと分けて、「ムダな浪費」と「不必要な投資」はなるべく少なくしていきます。

すべてを節約するというのでは、何も買わない、何も使わない、何も体験しない、の3縛りになって、人生が豊かになっていきません。

人生そのものの経験価値を広げていく。その経験を通じて将来役立つ学びを得るために、お金を使うということは立派な投資であり、有益なことだと私は思います。

たとえば副業に失敗しても、経験が役立つのであれば、有益な投資です。

私自身、若いころにお金がないなかでフィリピン・マニラやベトナム・サイゴンなど、東南アジアや東欧諸国へ一人旅に出かけて、さまざまな経験をしてきました。

それらの経験が、フラットな目線で世界を見る目として今に活かされています。

■投資詐欺にご用心

なかでも、もっとも気をつけないといけないのが（3）ムダな浪費と、（4）不必要な投資です。

とくに（4）不必要な投資は、お金持ちや資産家を目指す過程で、どうしても陥りがちな罠です。一般には、投資詐欺とも呼ばれています。

少し前に、とあるお笑い芸人の7億円近くの投資詐欺のニュースが出て、芸能界に激震が走りました。

私たちの身のまわりにも、投資詐欺はたくさんあります。そうした詐欺師は、常にあなたのお金を狙っています。

これらの落とし穴に迷い込まないために、気をつけるべきチェック項目を上げました。ぜひ参考にしてください。

投資詐欺にあわないためのチェック項目

騙されやすい人の特徴を
知っておこう

☑Check!

	リターンのためにリスクを積極的に取りがち
	まわりに相談できる相手が少ない
	優柔不断で自分の意見を主張するのが苦手
	自分が騙されるはずがないと信じ込んでいる
	情報リテラシーが低い
	決断する前に自分で情報を収集することをしない
	頑固な性格で、周囲の言葉に耳を貸さない
	大きな悲劇や困難に直面しており、冷静な判断力を失っている

POINT 4

複利でチャンスを増殖させる

4つめのポイントは、「複利でビジネスも投資も考える」です。

最近は投資ブームもあって「複利」という言葉も一般化しました。まだ知らない人のために簡単に説明すると、「複利は人類による最大の発明だ」とアインシュタインも述べたほど、大きな効果があるものです。

複利効果は元金に投資することで得たリターンを、当初の元金にプラスして、再び投資することでより大きな利益を生み出す方法です。この「複利」の対義語が「単利」となります。

資産を拡大するためには、複利での運用が効果的です。長い目で見ると、単利に比べて複利のほうが資産の増加スピードが大きくなります。

本書で述べてきた通り、あなたが持つ資産とは、お金だけではありません。時間、労力、スキルや経験すべてになります。結局、複利の力を活かせるかどうかで、将来の資産が大きく変わるわけです。

そう考えると、私たちの人生そのものも、複利によって成長の幅が決まっていることがわかります。

本書をきっかけに投資家人生をはじめる。副業をはじめてみる。年収アップのために勉強する。そうして生まれたあなたの経験や人脈などの資産は、すべて「未来に向けて再投資」することが可能です。

具体的には、**身につけた知識や経験、人的ネットワークは、行動によってすぐに使ってください。ここで複利が働きます。行動によってチャンスが生まれたら、迷わず再び再投資する。**これが、じつはあまり知られていない私が考える「ビジネス複利力」です。

■ビジネス複利力が人生を決める

たとえば、私がまだ起業する前、見習い放送作家として駆け出しだった20代前半の話です。

当時まだ高価だった30万円ほどのIBMのパソコンを、私は作家のアシスタントをしながらコツコツお金を貯めて購入しました。当時は「書院」などのワープロがメインだったため、IBMのパソコンを購入したおかげで資料づくりでほかの作家より目を引くようになり、一目置かれるようになりました。

「今回の新人は、やたらに資料づくりが上手だ」

そう周囲から認められて、新人のうちから大きな仕事を任されるように。結果、よりよいポジションに就き、経験とお金をもらいながら実力を高めていくことができました。

これも、手にしたお金を賢く投資して、機会損失をなくして、将来の可能性を広げるビジネス複利力の結果です。

あのとき投資を惜しんで行動せずにいたら、当時のキャリアを活かして実業家となった今の私はなかったかもしれません。そう思うと、ビジネス複利力を使って行動するということが、いかに大切かがわかります。行動そのものが、すべて未来投資になるからです。

なかでも、あなたの人生のなかでもっとも資産価値が高いのが「時間」です。**時間は、誰にでも平等に与えられた可能性の源泉です。それをどこに、どう投資して、ビジネス複利力を使っていつまでにリターンを得るのか**が、あなたの人生を決めるわけです。

すべてのものごとを複利で考えて行動しよう

投資だけでなく、身につけた知識、
経験、人的ネットワークなども
再投資することで複利効果を得られる!!

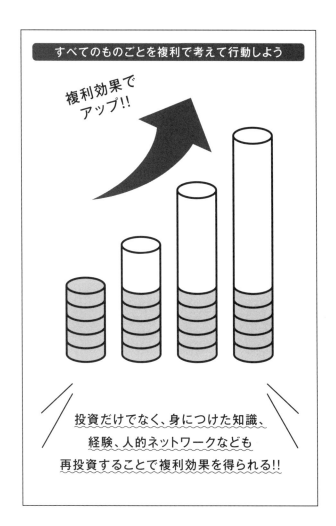

POINT 5

成功も失敗も資産化する

5つめのポイントは、「成功も失敗も資産化する」です。

私はよく、会社の仲間に「今がターニングポイントだ」と伝えています。

一方で「いずれ訪れる人生のターニングポイントに備えろ」と言う人も多くいます。

ただ、人生のターニングポイントというものは、待っていても一生訪れないものです。

今がその瞬間だと思い、日々真剣に悩み、学びながら必死に行動するから、振り返ったときに、「ああ、あそこがターニングポイントだったんだな」と気づけるわけです。

それこそが投資家の思考であり、自分に投資しながら、行動によって今を変え、望む未来を引き寄せる、という私の考え方そのものです。

この本を読んでいるあなたには、ぜひそのきっかけを本書で掴んでもらえたらと真剣に考えています。


あなたの人生のオーナーは、あなた自身です。

常に投資家としての選択が迫られています。

自分の持っているすべてのリソースを何に使うかを絶えず真剣に考えることから、真の投資家人生がはじまります。

時間、お金、行動、経験や人脈など、自分の今持っているリソースを最大限に使い切りましょう。


そうした視点から、金融資産だけでなく「頭脳資産」や「経験資産」も大切だと私は一貫して述べているわけです。

■失敗もむしろ価値になる

アメリカでは事業に失敗した経営者は、市場価値がむしろ高まります。

逆に、日本の場合は、失敗した経営者は軽んじられ、陰で悪口を言われて、見向きもされない傾向が強いです。

でも、たまたま運が悪かっただけで、前回失敗したからこそ次は成功する可能性が高いかもしれません。

環境や人脈に恵まれず、投資をしてもハズレくじを引いてしまっただけかもしれません。その場合、反省したり改善次第では、次は当たりくじを引く確率が、ほかの人よりも高まる可能性があるわけです。

成功や失敗などの経験をあなたの資産に変えていく、という話はすでにした通りです。この意識を持つことが人生の勝敗を分けます。

失敗してもつまずいても、経験を通じて自分を磨いていくという意識だけは忘れないことです。

能力はいくらでも伸ばしていくことはできます。しかしながら、その人だけが持っている、何ごとからも学ぼうという姿勢だけは、あとから伸ばしていくことがなかなか難しい分野だからです。

成功のきっかけは、失敗や大きな挫折、そして、そのとき支えてくれた人々への心からの感謝であることがほとんどです。

自分に投資して、努力や失敗を重ねながら、その紆余曲折のなかで、みずからの人格を広げていくことも大切になります。

POINT 6

目的を持たない損失額を負債計上してみる

6つめは、「目的を持たない損失額を負債計上してみる」です。

目的を持たなければ、何があなたにとって必要な投資か見えてきません。本当であれば手に入ったかもしれない学びやチャンス。それらに、人生で二度と出会えない可能性もあります。

あとからやり直そうとしても、人生だけはそうはいきません。その機会損失をビジネスのように数値化したりコスト化しないので、わからないだけなのです。

「目的を持たないあなたの機会損失コストは1億円です」

そう試算されたら、誰でも今日から目的を持って考えや行動を起こすはずです。

実際にそのぐらいの数値データがはじき出される可能性は、よくあります。それぐらい人生の目的を持たない機会損失の負債計上額のダメージは、あなたにとって大きいものなのです。

それを未然に防ぐために必要なこと。それは、

(1) 目的を明確にすること
(2) 目的を決めたら即行動を起こすこと
(3) 行動しながら投資家視点で課題を見つけること
(4) 失敗しながら、課題の改善を繰り返すこと

この4つになります。

繰り返し述べますが、失敗も100%経験にしてしまえばいいわけです。迷ってやらないことによる機会損失は、ある意味人生でもっとも損失額が大きいので

すから。

そのため、時間泥棒とは極力離れる意識を持つことも欠かせません。

時間に遅れる人、ルーズな人というのは、なかなか悪い習慣が変わらないものです。目的のない人のルーズな時間管理によって、あなたは2つの面で大きな損失を被っていることに気づくべきです。

1つめは時間を失う直接的なロスです。時間は有限です。失った時間はもう二度と戻ってきません。

2つめは、その時間を使ってほかの投資ができたかもしれない、という機会損失です。その時間を仕事であったり、キャリアを伸ばす勉強に投資できたかもしれません。失った時間分、未来のリターンを失ってしまったわけです。

逆に、失敗しても経験資産を得られたと考え、複利で投資してあらゆる面に活かしていければ、あなたの人生に5倍、10倍のリターンを生み出せます。つまり、支払ったコストに対して、どれぐらいのリターンを生み出せたかということです。

この機会損失の考え方は、ものごとの見え方、人生の価値観に大きな変化をもたらします。

時間とお金の関係を見直して、投資することのロスよりも、目に見えない機会損失のコストに目を向けてみてください。時間もお金も、かえって失われている可能性があります。

ぜひこの考え方を知って、投資脳に取り入れてみてください。

■機会損失を極力減らし、未来の可能性を広げよう

このように、あなたの時間やお金を将来のために投資をすることは、未来の機会損失をなくすことにつながります。結果、豊かな資産や人脈が形成されていく

わけです。

昨今、ミニマリストと言って、節約をしながら、なるべく人生を小さく小さく生きていこうという考え方がブームになっています。

もちろん、それを否定するわけではありません。これまでの過剰な消費社会の反動から一定の距離を置いて身の丈で暮らしていく、というのも素晴らしい考えだと思います。

しかし、ものごとには常に作用反作用、ビジネス的に言えばメリット・デメリットが存在します。

小さな行動や経験だけでは、それだけ人生で手に入る可能性も非常に少なくなります。何より、人生そのものが萎んでしまいます。

はたして、**あなたが老後に振り返ったとき、そのような人生でよかったと思えるかどうか。そうした判断軸を持つことも、非常に大事になります。**

ある医師が書いた書籍に「人が死ぬときに必ず後悔するたった1つのこと」について書かれてありました。とても有名な話ですが、そのなかで終末を迎えた患者が一番後悔するのは、いつも決まって「あのとき、もっと周囲の目や老後などの不安を気にせず、好きなことをやっておけばよかった」だそうです。

行動しなかった後悔が、死ぬ間際にぐっと胸にこみあげてくるわけです。

本書もある意味、人生とお金をテーマとして扱っています。

お金を節約することは大切です。けれど、ギリギリまで切り詰めて、むりやり何かをあきらめたり、買いたい本や旅行を我慢したり、投資すべきタイミングで本当にやりたいことを先送りしたりすると、お金を含めあなたの人生の器そのものが小さくなってしまいます。

機会損失を極力減らして、自分や未来に投資を続けていくというのは、この器を広げていくことになります。なんのためにお金を稼ぐのか、稼ぎたいのか。この点を今後も考えていただきたいのです。

POINT 7

金融投資（とくに株式投資）をおこなう

いよいよ、7つめのポイントは「金融投資」の話です。

金融投資は、資産形成のための必須アイテムです。一般別に「個別株に集中投資しろ」と言うつもりはありません。今であれば、NISAやつみたてNISAという節税と投資が1セットになった投資商品が国から推奨されています

つみたてNISAであれば、月々数百円からでもはじめられます。しかも、リターンに対する税金は無税。こういったものに、まずは少額から投資して、経験を積んでみるのがよいと思います。

私の著書『お金が増える強化書』（アスコム刊）にくわしい金融商品の選び方が書かれていますので、ぜひ興味がある方はそちらも読んでみてください。

基本的に私は、株式投資か不動産投資のどちらかを選ぶのであれば、まずは株式投資をすすめています。なぜ不動産投資ではなく株式投資をすすめるのか。理由を簡単にまとめます。

それは、私が知る資産家やお金持ちは、ほぼ100%、株式投資で資産を形成しているからです。あるいは、実業家や創業オーナーなどの株主として、配当金を得て、何不自由ない暮らしをしている人もいます。

事業のバイアウトも、言い方を変えれば株式投資のひとつです。

税率面で優遇されているのも、株式投資をすすめる理由の1つとして挙げられます。

株式投資の場合は、所得とは分離された課税形式で、一律で税率20％という非常に低い税率になっています。

代々続く資産家や、生まれ持っての裕福な家庭であれば、相続税などを考慮して不動産投資も選ばなければなりません。

ただ、私のようにゼロから資産を大きく伸ばした人にとって、小額からリターンが期待でき、誰もが同じ土俵で戦え、国からも税金などが優遇されているのが、株式投資なわけです。

■株式投資のほうが、初心者にはリスクが少ない

そればかりではありません。不動産と株式のどちらも所有する私が、初心者にまず株式投資をすすめるのは、**専門知識や人脈が必要なく、独学で学べて、ビギナーが騙されたり、大きな失敗を抱えるリスクが少ないから**です。

不動産に投資しようとなると、弁護士や行政書士をまじえた契約書の取り交わしなど、素人には難しい手続きが必要となります。

そうしたプロセスがあるので、プロをも手玉に取る投資詐欺が横行しているわけです。

一方、株式投資はすでに紹介したNISAなど、素人が最初のステップとしてやり方を覚えるのに適した商品がたくさんあります。

そして、この**株式投資をしているということが、複利という時間を味方につけてお金を増やすためにも重要になります。**

なお、つみたてNISAにスクールなどの高額な授業料はいりません。数冊の本を読めば誰でも独学ではじめられます。知識やノウハウよりも、まずは行動を起こすことが重要です。

POINT 8

お金の入り口を増やして、あなたの損益分岐点を下げる

続いて、8つめは「お金の入り口を増やして、あなたの損益分岐点を下げる」になります。

私は金融投資のほか、ビジネス作家や登録者22万人超のユーチューバー、大学の客員講師、3社のオーナー経営者などをしています。

おおげさでなく、おそらくどの社員よりも一番働いています。

私は労働者であることに常に誇りを持っています。ビジネスオーナーであることにもやりがいを感じています。同時に、作家や投資家であることにも強い使命感を持っています。

株や不動産、本の印税だけでなく、今ではYouTubeからの広告収益もそれなりに得ています。

あなたにも、このように収入の経路が複数ある状態を目指してもらいたいのです。

もっとも、私のYouTubeは前述のとおり、新型コロナウィルスで仕事量が減ったぶんを補填しようとはじめたものでした。

また、経営する事業が広告代理事店やマーケティングのコンサルティングのため、いずれこの経験投資がクライアントの役に立つのではないか、という強い期待もありました。

危機的状況において行動を続けてきたから、結果的にそこがターニングポイントになったわけです。つまり、ここでもビジネス複利力を実践してきたわけです。

■「お金が減らなくなる感覚」を手に入れる

このように、ガシガシ行動して、バリバリ働いて、ビジネス複利力と機会損失を回避するための行動力でグルグル３つの資産をまわして、手にしたお金をドンドン投資すると、資産がある一定を超えてから**「あれ、減らないぞ？」という不思議な現象が起きます。**

これは、当然あなたでも起こり得ます。

どうなると起きるかのか。それは生活や固定費などの支出の損益分岐点を、毎日のインカム（収入）が超えたときです。

つまり、食費などの生活費や交際費、子どもの教育費、家賃などの固定費を足して月50万円で生活している人であれば、単純計算で年間６００万円を超えた収入が入れば、貯金を切り崩す必要がなくなるということです。

贅沢をセーブして、それ以上のお金に手をつけない限り、銀行の預金はたまり続けます。これが使ってもお金が減らない現象の正体になります。

もちろん急に贅沢をしたり、高級車を乗りまわしたり、高級クラブで豪遊するようになれば、すぐにお金は消えてしまいます。ただ、本当のお金持ちは基本的にこの原理原則を知っているので、質素で身の丈に合った暮らしをしています。

もちろん出産や、子どもがいれば私立などへの進学や海外留学など、避けようのないライフイベントごとに大きな出費がある人もいるでしょう。

そうしたときは、子どもの未来に投資しているんだと考えるようにしましょう。お金の投資先が、より大切なあなたの財産へ移っただけなのです。とても幸せなお金の使い方だと私は思います。

ときには、趣味の外車や好きな服などにお金をかける場合もあるでしょう。

それでも、この収入と支出の損益分岐点を知っていれば軌道修正していけますし、資産を増やす心強い支えになります。

お金が増え続ける人生の損益分岐点

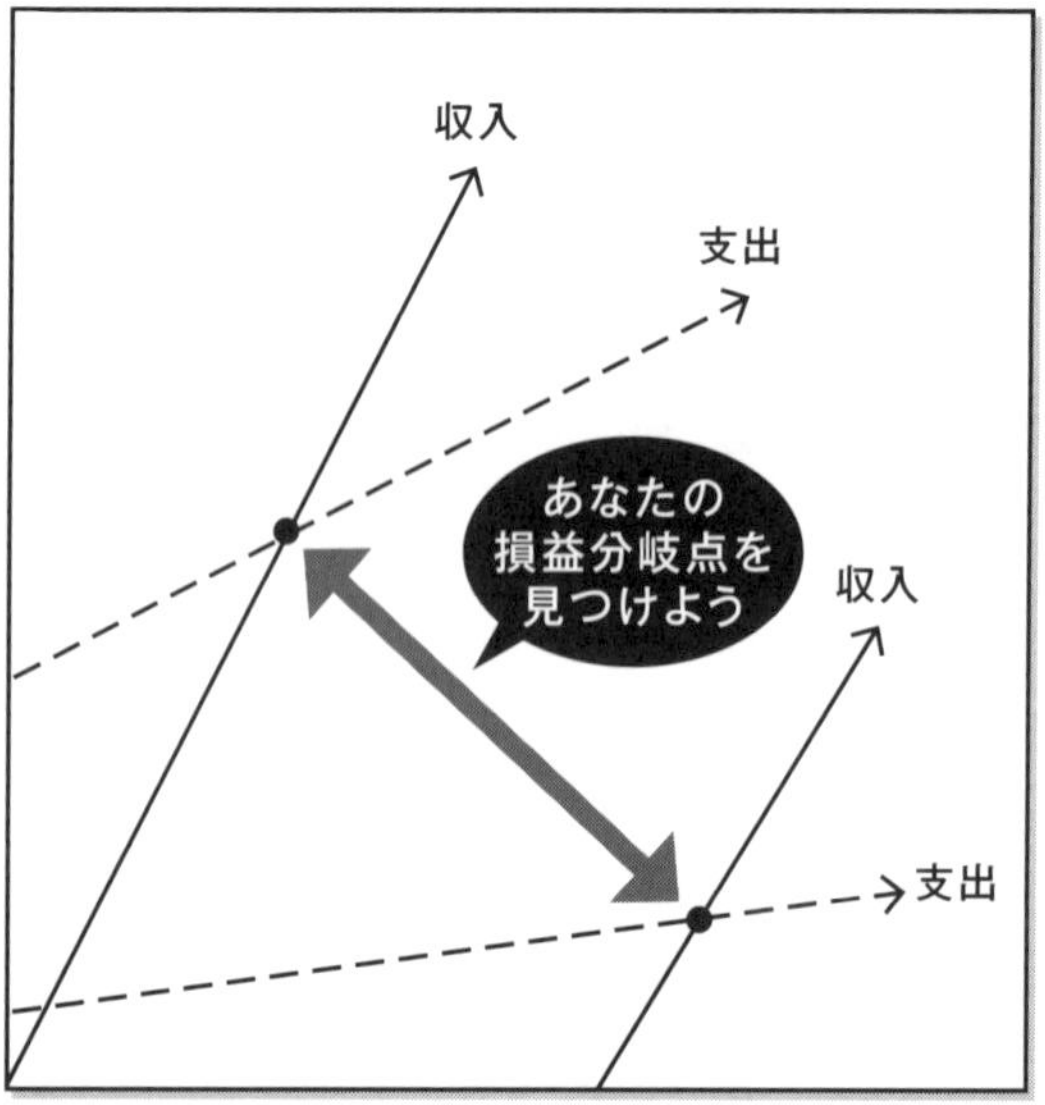

支出の損益分岐点を毎日の収入が超えたとき、お金は減らなくなる

ただ、やみくもに投資しろ、資産を増やせと言われても、どこまで続ければいいのかわからない、といった声はよく聞かれます。

そうした人こそ、**まずは「収入と支出の損益分岐点」を目標にしてみてください。そこから先、面白いようにみるみるお金がたまっていくはずです。**

そして、そのための方程式が、本書で繰り返し紹介した「ガシガシ行動して、バリバリ働いて、ビジネス複利力でグルグル回して、ドンドン投資する」になります。**働きながら、株式投資などもしっかりおこない「お金の入り口」を増やすのです。**

この掛け算と方程式が、もっとも投資家として成功する可能性が高いと、私は確信しています。

すべてのお金の入り口にリスペクトを持ち、ベースとなる働くことを蔑まず、毛嫌いせず、「しっかりと稼いでいくんだ」という意識を持ってください。

もちろん、株式投資をやらないという人もいるかもしれません。

それでもかいません。株式投資には向き不向きがあります。

ただ、やらなければ自分が向いているかどうかも気づけません。

投資するお金があまりない。性格が臆病だから。そのため、かえってリスク管理に敏感になり、うまくバブルに乗って億を超える資産を築けてしまった。

そうした投資家を、私はたくさん見てきました。

一方、行動もせずに自分に向いているかもわからないままだと、どうなるでしょうか。**もしかしたら株式投資から入ってきたかもしれないインカム（お金の流れ）を、あなた自身がダムのように堰《せ》き止めたまま一生を終えてしまうかもしれません。**

私と同じように株式投資で億を稼ぐスキルや強運を、たまたま持って生まれていたのに、それを試さず人生を終えてしまうのは、なんともったいないことなのです。

POINT 9

人と群れずに、良質な学びを続ける

9つめのポイントは、「人と群れずに、良質な学びを続ける」です。定番なワードが来てがっかりしている人もいるかもしれません。しかしこれは、大切な投資脳の原理原則になります。

自分の市場価値を高めるために、日々学びを積み重ねていく。キャリアを支える自己投資を、長期的におこなっていく。

その先にこそ、あなたを必要とする人脈が集まり、有益な投資先が広がっていきます。

ただし、人脈を広げるといっても、「群れる」という考え方ではダメです。

人と一緒にいると安心する、あの人といればほかの人に自慢できる、周囲からチヤホヤされる――。

実際、こういった「群れ」の考えを持ったまま、どこかのコミュニティに所属したり、勉強会に参加している人も大勢います。

でも、結局あなた自身が評価されないと、将来は変わりません。むしろ職場などでの孤独を高めてしまうことにもなりかねません。

人脈づくりとは、みずからの人生を取捨選択して、時間を削って会うわけです。

あなたが学びを続けて、それにより市場価値や頭脳資産が高まれば、自然とあなたのもとに人が集まってきます。

■惰性のつき合いは切りなさい

私は最近、人脈だけを目的に集まったり、飲んだりということをしていません。

昔は有益な交流会やサロンがあれば参加して、それで人脈は広がるものだと信じてきました（もちろん、人生を変えるようなセミナーや有益なサロンも数多くあります。要はリターンを生み出せていればいいわけです）。

ただ、3回4回と数を重ねていくと、ほとんどが同じ内容です。同じ顔ぶれだけで集まって、ただダラダラ飲みながら話している、と気づいたのです。

そこで話していた内容は、1か月前に、別の交流会の、別の人と話していた内容とほとんど変わりません。

つまり、人脈を目的としたメンバーで飲むというのは、結果的に相手も似たような人であり、同じ対価を望んでいるわけです。時間とコストがかかるだけで、

投資効果はほとんどないと気づいたのです。

逆に、新しい人同士、互いに人脈以外の何かを生み出そうと集まって情報交換する目的の場合には、今でも呼ばれれば参加することはありますし、非常に有意義であると思います。

そうした意味では、私は数年前に比べると、外でお酒を飲む機会がほとんどなくなりました。これも副次的な大きなリターンになっています。

惰性で群れるつき合いから脱却し、前向きで良質なコミュニティや勉強会に積極的に飛び込んでいくようにしましょう。

POINT 10

「睡眠」「運動」「食事」で健康管理をする

最後のポイントは、「健康管理」になります。

やはり、健康はすべての投資家の活動の基本です。

お金があっても、身体を壊してしまっては、朝起きて仕事をしたり、自由に旅行したり、おいしいものを食べることができません。

そのため、資産家やお金持ちは、こぞって健康維持に投資をします。

私が実践している健康管理の秘訣は「睡眠」「運動」「食事」の3つとなります。

なかでも先程述べた通り、昔に比べると劇的に飲酒の量が減りました。これにより「睡眠」が改善された感覚があります。

酒量を減らした理由はもちろん健康管理という点が大きいですが、仕事そのものが楽しく、飲んでストレスを解消する必要がない、というのも理由としては大きいです。

ただ、最大の理由は「自分の人生の残りの時間を考えた場合、飲んでいるのがもったいない」と心底思えるようになったことです。

この時間に何か別のプランを実行できないか。何かほかのインプットができないか。そう考えるとワクワクがこみ上げて止まらないのです。

そのような状態になってからは、お酒はたしなむ程度で、家族との時間を大切にしながら、夜も本を読んだり、ビジネス系YouTubeを「ながら耳学」で聞くようになりました。

一方、読者の人のなかには、そうはいっても習慣化されたお酒やたばこを減らせないと悩んでいる方も多いと思います。

お酒や悪い習慣をやめたいけれど、なかなかやめられない。そうした人がいれば、ぜひ本書の投資家の思考を手に入れて、まずは人生そのものをエキサイティングにしてもらいたいと思います。

それでもなかなか減らない場合は、脳科学を利用した、こちらの方法も試してみてください。

「ただ悪い習慣をなくそうとするのではなくて、何かほかのものを代替として取り入れる」というものです。

たとえば私はお酒を減らすかわりに、ポットで湯を沸かして、オーガニックのハーブティーを注いで、寝る前に飲むようにしています。

「もっとお酒を飲みたいな」と思ったときは、代わりにハーブティーを飲むという代替行動をすることで、無理なく飲酒量を減らすことができました。

コツは、お酒を飲んでいる最中に、お湯を沸かしはじめてしまうこと。

脳科学的に一度はじめた行動トリガーは、最後までやり遂げたくなるという習性があります。また、お酒を飲むと同時に沸かしておけば、飲み終えたあとすぐにハーブティーに移行しやすくなるでしょう。

ハーブティーも、飲んでみると意外と美味しいものです。

1杯の単価も、オーガニックのティーパックで60円程度です。お酒に比べたら断然コストパフォーマンスがよいでしょう。身体も温まり、熟睡ができるから翌朝早起きもできるうえ、心身ともにリラックスできます。これ以上の投資効果はありません。

■軽い筋トレとバランスのいい食事も欠かせない

最近は、スポーツジムに行く時間がなくなり、家で自重トレーニングをしています。朝起きて、シャワーを浴びたあとの10分間を筋トレにあてています。

運動メニューはシンプルで「腕立て」「腹筋」「スクワット」のみです。それでも10年近く続けているので「専門のトレーナーに指導を受けていますか?」と質問されるぐらい筋肉がついています。なお筋トレは、

- **糖尿病のリスクを下げる**
- **睡眠の質を改善する**
- **認知機能が改善する**
- **死亡率が下がる**

などの効果も科学的に証明されています。1日10分でもいいので、やらない手はありませんね。

食事は、なんでもバランスよくおいしく食べます。それ以外に、サプリメントで乳酸菌と食物繊維を摂るようにしています。

とくに腸内活動を正常に保つ乳酸菌は、自家製の甘酒を含めると、4種類以上のものを取り入れています。それらのサポートとして食物繊維も、こちらは毎朝

のコーヒーと一緒に摂取しています。

逆に、日本人の腸に不向きと言われるヨーグルトは積極的には摂りません。

腸活を意識してするようになってから、目に見えて疲れにくくなり、毎朝5時起きだったものが、最近は4時に自然と目が覚めるようになりました。

もちろん、私は生まれ持ってのショートスリーパーではありません。若いころは、休日は昼近くまで寝ていました。

少しずつ習慣や食生活を変えることで、朝型人間に変えていったのです。

朝の時間を有効に活用できる。その意味では、これらの維持コストは非常に安価ながら、最近の投資のなかでは一番リターンが高いと感じています。

Column

10年前の「10年先宣言」

私は10年前に、社員に対して「10年先の投資宣言」をしたことがあります。

そこで話したのは大学院でMBAを取る、大学講師としてゼミで教えている、学会で論文を発表している、本を出版してベストセラーになっている、動画の新事業をはじめる、新事業で上場する……などです。

すべて紙に書いて、全社員の前で発表しました。


そのとき、ほとんどの社員は笑っていました。

無理もありません。当時は社員7名程度、スモールビジネスの中小企業です。

ただ、それから数年経って、社員に宣言したメモの内容はすべて達成しました。

残らず全部です。

MBAを取得して、大学で講演をする機会もいただけました。『高速読書』（アスコム刊）は20万部近くのベストセラーにもなっています。

いえ、1つだけ実現過程のものがありました。会社の上場です。今は上場を目指して孤軍奮闘していますが、必ず実現できると確信しています。

うまく進まなくても、恥じる必要はありません。あなたの人生の主導権は、あなたが握っています。誰も、あなたを辱める権利など持ってはいないのです。

このように目標をメモする、声に出して読み上げる、あえて周囲に宣言すると、ほどよい緊張を保ちながら、脳がストレッチゾーンに居続けるようになります。すべて今日から無料でできることです。ぜひ試してみてください。

第7章

一生お金に困らない人になる「投資脳」を磨く習慣

自分のイメージは常に高く持っておこう

この本の最後に、投資脳を手に入れて、最短で成功するための習慣について解説していきます。

すべて私が実際におこなってきた成功の秘訣です。あるいは、今もおこなっている実践的なテクニックばかりです。

この章を読むだけでも、あなたの仕事のスピードや効果性は、10倍20倍に高まるはずです。実践編として、ぜひ繰り返しお読みください。

1つめには、「自分のイメージを高く持つ」ようにしてください。

自分のイメージを高く持つと、それに追いつこうと、自分の言葉だったり、行動が変わってきます。

まずあなたが発する言葉から、最初に変化していきます。

次に、行動が追いつくようになります。

行動が変われば、触れる情報や環境、つき合う人そのものが変化していくはずです。

ときには一時的に孤独になることもあります。しかし、それはこれまでの見てきた景色から、別の景色へと変わるタイミングであることがほとんどです。

みずから進んで受け入れた孤独は、決して悪いことではありません。

そもそも、今あなたがつき合いで一緒に食べているランチ、会社のグチを言うだけの同僚との飲み会、毎日同じ顔合わせとなる交流会は、本当に価値ある時間ですか？

その時間を、別のキャリアアップや起業の準備、資格などの勉強、投資の時間にあてれば、本当に大切な人やご家族との時間を犠牲にせずに、現状を変える努力を続けていけます。

不必要なつき合いをなくすことで孤独になるかもしれませんが、それだけのことです。むしろ本来の自分の時間が、5倍、10倍に増える人もいます。

そのためにも、まずは自分のイメージをしっかりと脳に定着させて、あとから行動を追いつかせる。その手順を忘れないでください。

■成功のイメージを可視化して脳に刷り込む

ただ、それだけでは行動できないという人もいると思います。

そのため、今回私が本当におこなっている、行動できる自分になるためのレシピ（実践法）を紹介します。


それは、手帳になりたい将来像を書いたり、住みたい家、旅したい場所のイメ

ージ写真を貼ることです。

実際、先ほどのコラムでも紹介した通り、私は10年後そのほとんどを手に入れました。

今はまた次の新しい夢や目標を書いたり、写真を手帳に貼って、休憩時間などに見るようにしています。

すると、**潜在意識に刷り込まれて、イメージに合わせた自分になっていきます。**

これを脳の物理学の分野で詳しく解説すると、１冊まるまる使ってしまうので割愛しますが、科学的にも効果があります。

簡単に解説すると、エネルギーが先か、アクションが先か、ということ。

物理法則で考えると、この世の中の物質はすべてエネルギーが最初にあって、そのあとに行動などのアクションが続きます。雷が大地に落ちるのも、リンゴが木から落ちるのも、その法則に従っているに過ぎません。もっと言えば、ビッグバンからはじまる宇宙の歴史も、厳密には同じです（かなり壮大な話になってきたので、このぐらいにしておきます）。

つまり、**まず自分をエネルギーに満たされた状態にしてしまいましょう**、というわけです。

そのために必要なのが「ゴールのセンターピンから目をそらすな」ということ。

到達したときのエネルギーのイメージと、今の自分を重ね合わせながら、そのことを可能なら四六時中考えろ、ということになります。

成功している人ほど、ほかの誰よりも長く、なりたい未来のエネルギーをイメージしているものです。

一度、小さな成功を手に入れてしまうのもいいでしょう。その経験資産を通じて、さらにイメージを高くしようという意識につながります。

いつも「次の壁」「次の壁」とロックオンして、インプットしよう

まずは小さな成功でかまいません。１週間でも、１日でも早く、小さな成功経験をしてください。そこの壁をクリアできるかどうかが最初の勝負になります。

次に、**小さな壁を越えたエネルギーを利用して、すかさず次の成功体験を手に入れてください。**

エネルギーには巡航性があります。一度ゼロに戻ってしまうと、再度エンジンをかけるのにパワーとモチベーションを消費します。それでは燃費も悪く、スピードも遅くなります。

目の前の新しい壁にフォーカスして、同じように１日も早く乗り越えます。

越えるために足りない知識や必要な経験は、本やYouTubeからどんどん吸収してください。

すでに壁の大きさや厚さはわかっているはずです。

見えている問題や課題を解決するためだけに、インプットをしてください。

そして、その壁を無事越えたら、同じように次の壁にフォーカスします。

これが、結果を出し続ける投資家が持っている、最強のアウトプット法です。

1つのアウトプットに対して、そのセンターピンに照準を合わせたインプットが可能になります。

■チャレンジしては、打ち破る。その繰り返し

ものごとをいち早く成し遂げる方法とは、この繰り返しです。そして、この方法なら誰でも実践可能です。

小さな成功を1つ手に入れるたびに、あなたは自信と経験を手に入れます。

必死に壁に挑戦するあなたの姿は、周囲からの応援にもつながります。

理由は、あなた自身が一番知っているはずです。

あなたから見て一番魅力的に映る会社の上司、スポーツ選手などは、どのような人ですか。


いい大学を出た頭のいい人ですか？

お金をたくさん持っている人ですか？

仕事を効率よくこなすだけの人ですか？


おそらく、違うはずです。

大きなプロジェクトを任されて、必死に期待に応えようと努力していたり、壁にぶち当たっても懸命に乗り越えようとする人ではないでしょうか。

壁にチャレンジして、壁を打ち破る人。こういうタイプに、人は魅力を感じま

す。

でも、あこがれるより、あなた自身がそういう人になってしまうほうが、手っ取り早く人生が変わっていきます。また、そうした周囲からの評価も、自分のキャリアや年収を押し上げてくれるきっかけになります。

大丈夫、あなたなら必ずできます。この本を指南役に、ぜひチャレンジしてみてください。

最終的には壁を見つけるために、行動するようになります。

新しい知識と経験を手に入れて、成長するのがあたりまえだと思える心境になると、このステージになります。

こうなると、あなたの成長はもう止まりません。投資したくなる人の思考とは、どんどん目の前の課題をクリアして、チャンスも人脈も雪だるま式に増やしていくことができる人なのです。

波に乗ろう

お金は未来からのお返しのエネルギーが、今という瞬間に還元されたものです。目の前の課題やまわりの人々が困っていることを次々とクリアして、周囲があなたに感謝したり、応援した結果として生まれてきます。

このように、**現在のあなたのポジティブな意識や行動の結果が、未来のお金につながっていくわけです。**

さらに大きな資産をつくるためには、「感謝」や「ありがとう」のエネルギーはもちろん、「波に乗る」ということも大切にしてください。

では、どうすれば波は見つかるのか？

そのためのヒントとして、私は波に乗っている状態を「ゴールフォーカス」、そして次の波を生み出すまでの過程を「バリューフォーカス」と呼んでいます。

「ゴールフォーカス」とは、今やるべき目的が明確となり、そこに向かって真っすぐに進んでいる状態です。スポーツ脳科学では、この状態をゾーンと呼ぶこともあります。

一方、短期的な目標を見つけるために、試験的なトライ&エラーをしたり、課題を解決するためのインプットしている状態を**「バリューフォーカス」**と私は呼んでいます。

この期間は大きな波はまだ見つかっていません。次の波に乗るための、大事なプロセスとも言えるでしょう。このような波の浮き沈みを繰り返しながら、人は前に進んでいきます。

■集中力を発揮する方法

そして、もう1つ、波に乗るために大切なのが「集中力」です。

私は「フォーカス力」とも呼んでいます。

集中力を高めるには、日ごろから訓練して身につけるしかありません。野球のイチロー選手は常にその日の試合が最高の集中力になるように、訓練を続けていました。

それでも、なかなか集中力を高めることができなくて難しい。そういう人のために、私がやっている方法を紹介します。

その方法とは「クラック」です。

集中したいときに、「やるぞ！」と声を上げる。

気持ちを切り替えるために、パチンと手を叩く。

ゾーンに入るために、パチンと指を鳴らす。

その瞬間に「入った」と声に出して、自分の脳をだますわけです。

人によって、自分に合った方法があると思います。私の場合は、YouTubeを撮影する前など、パチンと手を叩くと同時に「よし、やろう！」と自分を鼓舞することを習慣にしています。

すると、本当に気持ちが高揚してくるから不思議です。あなたも試してみるとよいと思います。

はじめは、期待したような効果がなくてもかまいません。

これはある意味、**脳への暗示効果を利用したものです。繰り返しおこなうことで、自然と集中する方向へと自分を誘うようになります。**

「一番苦しかったとき」の気持ちを忘れないでおこう

amazonの理念に、「day one」というものがあるのをご存じですか。

1）素早く意思決定をおこなっているか？
2）10回のうち1回は成功する―それを熟知しているか？
3）失敗も経験になる、を徹底しているか？
4）未来のために用意できているか？
5）そのために今、行動（投資）ができているか？

意訳すると、このような内容になります。

amazonではこれら創業初期の理念を、常に徹底できるよう社員全員で取り組んでいます。これがamazonのあるべき姿をまとめたもの「day one」です。

■常に最高の投資家たれ

世界の巨大企業となったamazonの理念。それが創業期の一番苦しかったときのものだというのは驚きです。

そのときの気持ち、あふれるエネルギー、恐怖に打ち勝とうする勇気、新しいことに挑戦し続ける情熱、これらすべてのベンチャースピリッツを忘れない、ということだと思います。

これは、常に「最高の投資家たれ」ということであるとも言えます。

今のamazonがあるのは、この「day one」の初心を忘れていないからだ。そう、創業者のジョフ・ベゾスもあるインタビューで述べています。

人は慣れくると、とかく油断したり気持ちを大きくしたり、弱い立場の人に横柄な態度を取るなど、取り返しのつかない失態をして、信用や評価を失うものです。

それが、あなたのチャレンジスピリッツを原点にしたものであればいいでしょう。ただ、もし初心を忘れたことによる残念な行為なのであれば、危険です。

最近、以前のような挑戦する気持ちが持てない。昔からの友人に傲慢だと指摘された。そんなときは、一番苦しかったときに立ち戻ってみてください。

初心を忘れない。それはつまり、どんなことも「あたりまえ」と思うのではなく、感謝する気持ちを忘れない、挑戦する自分を取り戻すということだと私は思います。

おわりに

冒頭と同じ質問を、もう一度します。

「1000万円をあげるので、それを1億円にしてください」

本書を最後まで読めば、あなた独自の答えが見つかっているはずです。

あなたの投資脳が磨かれたことで、今後の人生が変わってきます。

いかに賢く「頭脳資産」「経験資産」「金融資産」の3つを使い、ギリギリまで自分の可能性を広げてお金そのものを稼いでいくか。

そのための最大の秘訣が、本書にあります。

■投資脳を手に入れれば「お金に愛される」

お金持ちになろうと思うならば、お金を嫌わないことです。

お金に対してネガティブな思考を持っている日本人が、非常に多いように思います。なにより、自分に対する自信が著しく低い。自己肯定感の低下は、日本人全体の社会問題になりつつあります。

さらに、若者を中心に「お金のために必死に働くのはダサい」という価値観すら生まれています。

ただ、それも無理はありません。30年以上のデフレ社会により、賃金は上がらず、税金ばかりが増え続けました。結果、必死にがんばったところで報われない社会に対して、最初から一歩引いて防御姿勢を見せているわけです。

ある意味、悟っているような雰囲気を出しておけば大失敗せずに済む。まわりからもクールに見てもらえる。

ただ、その先にあるのは、絶望的な人生だけかもしれません。

「正しい投資姿勢は、正しい自己肯定感につながる」

これは本書で伝えた、隠れたテーマの1つでした。

お金とどう向き合うかということは、「未来の人生への投資を通じて、自分とどうつき合うのか」ということにほかなりません。

まずは自己投資が大切と言われるのは、自分自身と良好な関係を築いている人のほうが、安定した投資リターンを得られるからです。

自己肯定感が高まれば、何かに挑戦するときに、「自分は必ずできる！」と思えるようにもなります。

仕事ができる人、お金持ちの人ほど、自分とのつき合い方が上手です。

目標やあるべき未来のために、迷うことなく目の前のやるべきことに取り組み、自分や人生に投資をして、結果を出すことができる人です。


起業などの事業投資も株式などの金融投資も、まったく同じです。

もし、結果としてうまくいかなかったとしても、

「今回失敗したけど、こういうところはうまくいった」

「こういう改善点が見つかった」

「次こそは必ず成功できる！」

と考えて、行動することができます。

そうして改善点を見つけながら、自分の3つの資産を活用し続けられるので、いずれは好転する可能性も高まります。


逆に、自分との関係がおろそかになると、どうなるでしょう。

失敗を通じて、お金そのものを忌み嫌ってしまう可能性があります。お金を稼ぐ力を信じることができない。結果として、将来を悲観視して、希望が持てなくなります。

でも、本当は誰もが知っているはずです。

お金はいざというとき、大切な人を守ってくれる。今の幸せの支えとなるのもお金です。お金さえあれば、少なくともその選択肢は増える。

稼いでいる人はみな楽しそうだし、笑っています。

その本当の理由は、自分との関係性が良好で、他人を妬んだりうらんだりせず、精神的な余裕があるからです。その結果、自然と笑みがこぼれるのです。

一方、自分との関係が良好でない人は、お金持ちは陰湿で暗くて性格が悪いと決めつけます。周囲を騙してお金を稼いでいる、そんなイメージを持っています。

結果、そうした人を妬んだり、ネットで誹謗中傷をおこないます。

しかし、真実を話せばお金持ちのダークなイメージは、一部の脱税ニュースやマスコミがつくり上げた架空のつくり話です。

現実はむしろ逆です。

お金を持っている人ほど心に余裕があって、おおらかに笑っています。自分との関係性がよく、どんな相談をされてもその人の可能性を否定しません。

ほんの少しの変化で、目の前の人の人生に幸運が訪れることを知っているからです。

このように、自分の可能性を信じて未来へお金を投資することは、あらゆる挑戦のスタートになります。

ぜひ本書を通じてしっかりと未来からのお返し、「感謝」や「ありがとう」を受け取ってください。

そのために、お金を使い方、投資の方法を学ぶのです。

■投資家が増えれば必ず日本は変わる

今の日本人には希望がない。だから不景気になっています。

逆を言えば、これから我々一人ひとりが希望を持って働いたり、学んだことでチャレンジしたり、未来に投資していくことで、日本そのもののあり方もまた変わっていきます。

そのために、真の意味で投資家になるための「投資脳」を手に入れる。

ほかの誰かに「あなたにこそ投資したい」、そう思われる人になる。

その目的のために、使命感を持って本書を書きました。

あなたが投資脳を手に入れることは、今よりも少しだけ、日本の未来に希望を持つことになります。

我々一人ひとりが希望を持てば、日本は必ず復活します。

あと少しの辛抱です。ほんの少しだけ努力や情熱を傾けて、投資して、未来からのリターンをもらってください。

そして、あなたの投資家としてのリテラシーは、子どもへと受け継がれるでしょう。あなたが日本からいなくなっても、次の世代まで知恵や経験は残り、日本を支えるのです。その計り知れない力を、私は最後まで信じています。

上岡正明

著者プロフィール

上岡正明（かみおか・まさあき）

株式会社フロンティアコンサルティング代表取締役。放送作家・脚本家。MBA（情報工学博士前期課程)修了。多摩大学客員講師（18,19）。一般社団法人日本認知脳科学協会理事。これまで上場企業や外資系企業を中心に1000社以上の広報PR支援、新規事業構築、外資系企業の国内外PRや海外プロモーションのコンサルティング、スウェーデン大使館やドバイ政府観光局などの国際観光誘致イベントなどをおこなう。代表的なコンサルティング案件としては、日本中の女性たちの心を動かした「パンケーキブーム」、1年で200万台以上を売り上げた「ふとん専用掃除機」、世界が注目する「食フェス」などがある。また、経営のかたわら大学院にてMBA（情報工学博士前期課程）修了。学会で論文等を発表しながら、大学での客員講師を歴任。同時に、日本テレビ「ストーリーランド」をはじめとする脚本家、バラエティー番組の放送作家としても知られ、これまで「笑っていいとも！」「めざましテレビ」「スーパーJチャンネル」「ズームイン!」等の人気情報番組を担当。上梓したビジネス書は計14冊、中国、台湾でも翻訳本が出版されて累計60万部となる。その他、日経ヴェリタス、週刊ダイヤモンド、東洋経済オンライン、テレビなどで取材され、22万人超（2023年5月現在）のチャンネル登録者を誇る人気ユーチューバーでもある。日本神経心理学会、日本行動心理学学会、行動経済学学会、一般社団法人日本行動分析学会、日本社会心理学会、一般社団法人日本小児心身医学会、認知神経科学会の各学会員。「投資」と「脳」のスペシャリスト。

登録者22万人超のYouTubeチャンネル（ほぼ毎日更新）
https://www.youtube.com/@kamioka01

上岡正明の公式Twitter（スキルハック・学ぶ力・稼ぐ力を配信中）
https://twitter.com/kamioka01

投資脳
一生お金に困らない頭を手に入れる方法

2023年6月24日　第1刷発行
2023年7月23日　第2刷発行

著　者　上岡正明

発行者　徳留慶太郎
発行所　株式会社すばる舎
〒170-0013　東京都豊島区東池袋3-9-7 東池袋織本ビル
TEL　03-3981-8651（代表）　03-3981-0767（営業部）
FAX　03-3985-4947
URL　https://www.subarusya.jp/

ブックデザイン　池上幸一
印刷・製本　モリモト印刷

落丁・乱丁本はお取り替えいたします

ISBN978-4-7991-1130-7